Las grandes pirámides
Crónica de un mito

DESCUBRIR LA ARQUEOLOGÍA

BIBLIOTECA ILUSTRADA

10

BLUME

JEAN-PIERRE CORTEGGIANI

Egiptólogo, Jean-Pierre Corteggiani es responsable de las relaciones científicas y técnicas del Instituto Francés de Arqueología Oriental (IFAO) de El Cairo. Es autor (o coautor) de numerosas obras sobre Egipto, entre ellas, *L'Égypte des pharaons au Musée du Caire* (Hachette, 1986), una *Guide Bleu* (Hachette, 1986), *L'Art de l'Égypte* (Citadelles&Mazenot, 1994), *Toutânkhamon, le trésor* (Découvertes Gallimard hors série, 2000), *Le Caire* (bajo la dirección de André Raymond, Citadelles&Mazenod, 2000) y *Fous d'Égypte* (con Jean-Yves Empereur y Robert Solé, Bayard, 2005).

Para Natalie...

BLUME

Título original:
Les Grandes Pyramides. Chronique d'un mythe

Equipo editorial de la edición en francés:
Pierre Marchand, Elisabeth de Farcy, Anne Lemaire, Alain Gouessant, Isabelle de Latour, Fabienne Brifault, Madeleine Giai-Levra, Marjorie Marlein, Any-Claude Médioni, Vincent Lever, Valentina Lepore.

Traducción y documentación:
Alfonso Rodríguez Arias

Coordinación de la edición en lengua española:
Cristina Rodríguez Fischer

Primera edición en lengua española 2011

© 2011 Naturart, S. A. Editado por BLUME
Av. Mare de Déu de Lorda, 20
08034 Barcelona
Tel. 93 205 40 00 Fax 93 205 14 41
e-mail: info@blume.net
© 2006 Gallimard, París (Francia)

I.S.B.N.: 978-84-8076-932-7
Depósito legal: B-6.388-2011
Impreso en Tallers Gràfics Soler,
Esplugues de Llobregat (Barcelona)

CONTENIDO

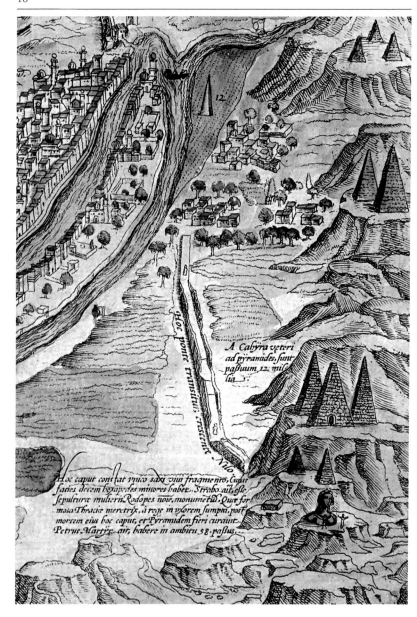

A Cahyra veteri ad pyramides, sunt passuum 12. millia

Hoc ponte transitur, inscit Nilo

Hoc caput constat vnico saxi vno fragmento, Cuius facies decem hexapedes minores habet. Strabo ait, esse sepulturæ mulieris Rodopes noie, monumetu. Quæ formosa Thraciæ meretrix, à rege in vxorem sumpta, post mortem eius hoc caput, et Pyramidem fieri curauit. Petrus Martyr ait, habere in ambitu 58. passus.

«Las pirámides y los templos forman parte de las maravillas conocidas desde la Antigüedad; se ha hablado mucho, se han hecho numerosos estudios sobre su destino y la antigüedad de su edificación. [...] No tienen puertas y no se sabe cómo se han construido.»

Ibn Battuta, *A través del Islam (Rihla)*, 1355-1356

CAPÍTULO 1

DE HERÓDOTO A BONAPARTE

Tanto si se trata de las pirámides (detalle de un mapa de El Cairo publicado en 1572, *izquierda*) o de la Esfinge (grabados que datan de 1556, 1579, 1650 y 1755, *derecha*), las representaciones que ilustran los relatos de viaje de los primeros visitantes occidentales a Egipto están impregnadas de una inmensa fantasía.

Al dictar el relato de su larga peregrinación de casi un cuarto de siglo, Ibn Battuta, el célebre geógrafo y viajero árabe, añadió: «Se cuenta que un rey de Egipto [Surid], antes del Diluvio, tuvo un sueño que lo aterró y lo llevó a construir estas pirámides en la orilla del Nilo para que sirviesen de depósito para las ciencias y de sepultura para los reyes».

En pocas palabras, daba allí todas las razones que explican la rara fascinación que las tres pirámides de Guiza han ejercido sobre el espíritu humano, como si éste no pudiera resignarse a aceptar que son tumbas, decididamente gigantescas, pero tumbas.

Son, en efecto, las sepulturas de los faraones Keops, Kefrén y Micerino, que reinaron durante la Dinastía IV (aproximadamente entre 2650 y 2450 a. C.); sin embargo, aunque la palabra *pirámide* hace pensar inmediatamente en ellas, ya que eclipsan y resumen a todas las demás, es necesario tener presente que, si se cuentan las de todos los tamaños, se erigieron más de un centenar de pirámides en Egipto: en Saqqara, Meidum, Dahshur, Abu Rawash, etcétera.

El Egipto faraónico no posee el monopolio de la desmesura, ya que, desde este punto de vista, la tumba del primer emperador de China y sus millares de soldados de terracota no tiene nada que envidiar a las pirámides: el mausoleo de Qin Shi Huang está

La palabra *pyramis* habría sido escogida por los griegos en referencia a un pastel de trigo que tenía esta forma característica. Siguiendo a Platón, para quien «la figura sólida de la pirámide es el elemento y el germen del fuego», Amiano Marcelino precisa que «los geómetras dan este nombre a esta figura porque termina en una punta cuya forma evoca la imagen del fuego». De hecho, aceptando una metátesis y precedida del artículo definido *pa*, podría tratarse de la palabra egipcia *mer*, que, representada por una pequeña pirámide muy puntiaguda, designaba esta construcciones (*inferior*, de *izquierda* a *derecha*, Micerino, Kefrén –reconocible por los restos del revestimiento en la punta– y Keops).

muy lejos de ocupar una posición pareja con aquellas en el imaginario humano. Ni la Gran Muralla, a pesar de sus más de seis mil kilómetros de longitud. De hecho, ningún monumento de ninguna otra civilización ha suscitado jamás tal asombro, admiración y especulaciones que estas prodigiosas masas de piedra que ya tenían dos mil años cuando los griegos, que seguramente se sorprenderían si hubieran podido saber el éxito que alcanzaría esta palabra, las llamaron *pyramis*, término cuya etimología no se ha podido determinar con exactitud.

Tumbas para la eternidad

Como si el hecho de dejar tales monumentos para la posteridad fuera suficiente por sí mismo, los antiguos egipcios se mostraron poco expresivos al respecto y, aparte de las representaciones bastante numerosas de las pequeñas pirámides de ladrillo que coronaban las tumbas privadas del Imperio Nuevo, solamente conocemos una representación de las Grandes Pirámides en la estela ramsesida de un cierto Montuher, hallada cerca de la Esfinge.

Por los grafitos que dejaron en las cercanías para expresar su admiración, se sabe

En la estela que el escriba Montuher dedicó a Harmakhis –«Horus del horizonte»–, bajo cuyo nombre se percibió y adoró, como una divinidad aparte de pleno derecho, a la Gran Esfinge, «Señor del desierto», a partir de los inicios de la Dinastía XVIII, solamente aparecen las dos Grandes Pirámides de mayor tamaño detrás de la imagen de la colosal estatua (*inferior*).

que varios escribas letrados de las Dinastías XVIII y XIX (aproximadamente de 1543 a 1187 a. C.) fueron a Saqqara para ver, como «turistas», la pirámide escalonada de Dyeser. Los que iban así a visitar la más antigua de las pirámides, ¿acudían también a Guiza, para admirar las mayores de todas cuando estaban intactas? Es posible, ya que los primeros viajeros que vieron el revestimiento de aquéllas, aún en su sitio, hicieron mención de las inscripciones, pero aunque esto fuera cierto cierto, los comentarios de admiración han desparecido con el fino revestimiento de piedra caliza que recubría las pirámides.

Es evidente que, desde el principio, la pirámide es sinónimo de eternidad. Se ve en los Textos de las Pirámides, los textos funerarios que cubren las paredes de los panteones reales a partir de finales de la Dinastía V: repetidas veces se invoca a todos los dioses para que la construcción funeraria real esté «en perfecto estado y perdure eternamente»; se ve también, aunque de otra manera, en un texto literario, el Papiro Chester Beatty IV, conservado en el Museo Británico, que elogia al escriba, llamado también el escritor, y que dice, en resumen, que un libro asegura la eternidad a su autor mucho mejor que una pirámide.

El primer testigo

A gran señor, gran honor; es al «Padre de la Historia» a quien se debe la primera descripción de las pirámides: Heródoto, quien visitó Egipto hacia mediados del siglo V a. C., dedica varias páginas del libro II de las *Investigaciones* (Euterpe, CXXIV-

CXXXIV) a los prestigiados monumentos de Guiza y a sus constructores. Aunque su testimonio no esté exento de errores notables, es importante, ya que, después de casi veinticinco siglos, todos aquellos que se han interesado en las pirámides o en sus supuestos misterios, siempre lo han citado, utilizado o interpretado, a riesgo de aceptar solamente lo que pudiera corroborar sus afirmaciones.

Lo esencial del testimonio de Heródoto es lo que concierne a la construcción de la Gran Pirámide, aunque, al leerlo con atención, se llega a la conclusión de que el proceso que describe corresponde únicamente a la parte final, es decir, a la colocación del revestimiento de piedra caliza de Tura, «con ciertas máquinas formadas de maderos cortos» (Euterpe, CXXV). Nada indica que estas «máquinas» hayan sido utilizadas para levantar los escalones interiores, y se puede pensar que si Heródoto no hace ninguna alusión a la utilización de rampas es porque, habiendo considerado la calzada que une el templo alto con el templo bajo como un «camino para conducir dicha piedra de sillería», le parecía evidente esta técnica de construcción.

Los Textos de las Pirámides, grabados en las paredes de las cámaras funerarias de una decena de las pirámides de Saqqara, aparecieron por primera vez en el sepulcro y la antecámara de la de Unis (*izquierda*), último rey de la Dinastía V (h. 2350 a. C.), pero la elaboración de este corpus funerario debió de requerir siglos. Vista su importancia, sería sorprendente que los predecesores de Unis, y, con mayor razón, los grandes soberanos de la Dinastía IV, como Keops, Kefrén y Micerino, no los hubieran tenido a su disposición, probablemente en forma de un rollo de papiro con las fórmulas de lo que parece haber sido denominado el «Libro del dios», y este dios era Thot.

Partiendo de la descripción de Heródoto se ha intentado representar la construcción de la pirámide de Keops. Este grabado representa las «máquinas» que se supone habrían servido, con un sistema de palancas, para subir los bloques de piedra –aquí desmesuradamente grandes– de un nivel al siguiente.

La única «maravilla» que ha desafiado al tiempo

Justificando el proverbio árabe que dice que el
tiempo teme a las pirámides, hay que subrayar
que es la única, entre las siete maravillas del mundo
antiguo, que ha llegado hasta nosotros. Nada es
más evidente, pero, sin embargo, conviene matizar
esta idea, ya que, según los autores que hablan
de las pirámides o según las diferentes listas
que relacionan las obras maestras arquitectónicas
de la Antigüedad, –de las que se conocen no
menos de catorce–, el conjunto de las tres pirámides
de Guiza no siempre está considerado como
una realización excepcional del genio humano.

En efecto, a inicios del siglo I a. C., se menciona
«el inmenso trabajo de las altas pirámides» en un
epigrama del poeta griego Antípatro de Sidón, que
constituye, de hecho, la primera nomenclatura de
las siete maravillas del mundo; la lista «canónica»
de las mismas, establecida entre los siglos IV y V d. C.
por Filón de Bizancio (oscuro retórico que no se
debe confundir con el escritor científico griego del
mismo nombre del siglo III a. C.), menciona también
las «pirámides de Menfis». En cambio, desde el
siglo I a. C., Diodoro de Sicilia precisa que solamente
«la mayor de las tres pirámides» se toma en
consideración «entre las siete obras más ilustres»,
en tanto que Estrabón afirma, casi en los mismos
términos, que «dos de las tres se cuentan entre
las siete maravillas del mundo».

Los epígonos de Heródoto

Cuatro siglos después de Heródoto, numerosos
autores clásicos casi contemporáneos, para quienes
no ofrecía duda alguna la naturaleza funeraria
de los inmensos monumentos de Guiza, nos ofrecen
por turno sus testimonios.

En primer lugar está Diodoro de Sicilia, quien, en
el primer volumen de su *Biblioteca histórica* (libro I,
LXIII-LXIV), afirma que las piedras, que han conservado
«su disposición original y todo su aparejo tal como
era», fueron colocadas mediante «terraplenes de
tierra, ya que en aquel tiempo no se habían inventado
las máquinas». Al admitir así la utilización de

Maerten van
Heemskerck, artista
holandés del siglo XVI,
realizó una serie de
grabados dedicados
a las siete maravillas
del mundo (*superior*).

PIRAMIDES ÆGYPTI

rampas, hace notar que «lo más admirable» es que «no quede ningún resto» y que la construcción parece «como si un dios la hubiera depositado como un solo bloque sobre la arena que la rodea». Si a esto se añade que poco después afirma «que ninguno de los reyes que las han construido para que fueran sus tumbas ha sido sepultado en las pirámides», se tiene ya materia para alimentar las más peregrinas hipótesis.

Como no estuvo jamás en Egipto, la visión de las pirámides de Van Heemskerck es tan imaginaria como las que proporciona del faro de Alejandría, los jardines colgantes de Babilonia o las demás maravillas desaparecidas.

A continuación es Estrabón el que escribe bastante brevemente sobre ellas en su *Geografía* (libro XVII, XXXIII), pero que proporciona una importante información para la historia arqueológica de la Gran Pirámide, ya que, si creemos sus afirmaciones, su entrada, cerrada por «una piedra basculante que, una vez retirada, da acceso a una galería inclinada descendente», era conocida en su época. Por otra parte, como algunos otros, atribuye la pirámide de Micerino a una cortesana de nombre Rhodopis, y la relaciona con el antecedente egipcio de la historia de Cenicienta, en la que una sandalia, probablemente de papiro, toma el lugar de la de cristal del cuento.

Por último, es Plinio el Viejo (*Historia natural*, XXXVI, 16-18) para quien, en el primer siglo de nuestra era, las pirámides no son más que el «alarde inútil y necio de la riqueza de los reyes». Plinio hace notar que los que habían hablado de ellas antes que él no están «todos de acuerdo en el nombre de sus constructores», y considera que «la suerte más merecida es ésta, que ha hecho olvidar a los autores de una tal vanidad», haciendo hincapié que «no queda ninguna huella de los trabajos de edificación» –¡siempre las rampas!– y que el problema principal que se plantea es saber cómo se pudieron subir tales bloques de piedra a una altura tan grande.

Es evidente que la pirámide de Cayo Cestio (*inferior*), edificada en Roma a finales del siglo I a. C., antes de ser incorporada a las murallas de Aurelio, cerca de la puerta de San Pablo, sirvió de modelo a los artistas que representaron las pirámides de Guiza sin haberlas visto jamás. Su forma muy esbelta recuerda más a las pirámides de Meroe, en Sudán (siglo IV a. C.), que a las de Guiza.

Un eclipse de varios siglos

Aparte de algunas raras y breves alusiones, como el pasaje de la *Historia Augusta*, selección de biografías de emperadores romanos de los siglos II y III, que nos dice que Septimio Severo «visitó detalladamente Menfis, la estatua de Memnón, las pirámides y el laberinto» en el curso del viaje que hizo en el año 200 (Severo, XVII, 4), o el de Amiano Marcelino, el último gran historiador romano,

testigo del fin del paganismo quien, entre los años 388 y 391, describe las pirámides como «torres que se elevan por encima de todo lo que puede realizar la mano del hombre», y recuerda que «han sido elevadas al rango de las siete maravillas» (*Historias*, Libro XXII, 28-29), un profundo silencio cae sobre las pirámides para el resto del milenio.

Sin embargo, no faltaron los visitantes, pero fueron los cristianos quienes hicieron el peregrinaje a los Santos Lugares al estilo de la emperatriz Elena. Indiferentes a todo lo que fuera ajeno a su fe, cuyo triunfo quedaba asegurado por los edictos de Teodosio I a partir del año 392, no se preocupaban de los monumentos antiguos y buscaban seguir con sus pasos los de Cristo, y, en lo que concierne a Egipto, a encontrar las huellas del paso de la Sagrada Familia o las del Éxodo. Como se puede ver en el *Diario de viaje* de Egeria, gran dama galaica que pasa entre los años 381 y 384, es más importante ver el Sinaí, «montaña de Dios», que las pirámides, «montañas del faraón». Hay alguna referencia bíblica obligada, como la de Rufino de Aquilea que dice que no son más que «los graneros de José».

Entre las numerosas escenas bíblicas que adornan la basílica de San Marcos en Venecia, este célebre mosaico del siglo XIII (*superior*) representa a las pirámides como los graneros en los que José, tras haber interpretado el sueño del faraón, «almacenó el trigo como la arena del mar» para prevenir los siete años de hambre (Génesis, 41, 49): incluso se pueden ver las aberturas para almacenar las gavillas. Esta idea estaba admitida en el mundo cristiano después de casi un milenio, a pesar de que, desde el siglo IX, el patriarca de Antioquía afirmaba que eran tumbas reales, «oblicuas y sólidas, y no huecas y vacías».

Viajeros y geógrafos árabes

El capítulo de la *Descripción topográfica e histórica de Egipto* que Maqrizi, el muy erudito historiador egipcio de la primera mitad del siglo XV, dedica a las pirámides, es un florilegio, a veces repetitivo de lo que había sido escrito por los principales historiadores árabes que le habían precedido; junto a observaciones llenas de sensatez e informaciones de tipo histórico, se encuentran leyendas y relatos impregnados del carácter maravilloso que preside la literatura árabe de la época, rica en obras con títulos tan sugestivos como *L'Abrégé des Merveilles* o el *Livre des perles enfouies et du mystère précieux au sujet des indications des cachettes, des trouvailles et des trésors*.

Ante las pirámides de Keops y de Kefrén, que los poetas «han comparado a dos inmensas mamas que se alzan sobre el seno de Egipto», Abd al-Latif, «médico árabe de Bagdad», expresa su admiración en su *Relation de l'Égypte* (entre finales del siglo XII e inicios del XIII). Se extasía ante la talla de los bloques, «la extrema precisión con la que han sido emparejados y dispuestos unos junto a otros», y hace notar, con razón, que esto se refiere únicamente a las piedras del revestimiento: «Frente a las pirámides, en la orilla oriental del Nilo, se pueden ver un gran número de excavaciones inmensas y muy profundas, que comunican unas con las otras. [...] Es fácil darse cuenta de que se trata de las canteras de donde sacaron

Las Pirámides aparecen con mucha frecuencia en los escritos árabes. Estas dos imágenes, extraídas de un manuscrito de Abu Hamid al-Garnati, también conocido como al-Qaysi o al-Andalusi, son rarísimas (*inferior y derecha*). Este viajero, natural de Granada, murió en Damasco en 1169-1170, dejando una «selección de maravillas» y una relación de viajes. Ambas obras describen las pirámides, casi en los mismos términos, que están frente a Misr al-Fustat, también llamada El Cairo.

las piedras que sirvieron para construir las pirámides».

Un poco antes, el andalusí Abu Hamid al-Garnati subraya que las piedras han sido ajustadas, talladas y aplanadas «con un arte del que sería incapaz un carpintero hábil, haciendo, según este modelo, una caja de madera», y también habla de un «paso por el que el agua se vierte para caer sobre el molino». En un relato digno de *Las mil y una noches*, cuenta la apertura de la pirámide de Keops por el califa Al-Mamún (recordemos que se trata del hijo de Harún al-Rashid). Con su «cota de malla de oro, adornada con toda suerte de pedrería», su «funda del sable de un precio inestimable» y sobre «su cabeza un rubí del grueso de un huevo de gallina», el cuerpo hallado en «una estatua de hombre de piedra verde», dicho de otro modo, en un sarcófago antropoide tardío, no puede en ningún caso ser otro que el de Keops. ¡Pero Alí Babá está cerca!

Todavía antes, a mediados del siglo X, el historiador Masudi también había contado cómo Al-Mamún, al no poder destruir una pirámide como él quería, se contentó con dar la orden de abrir la más grande; cómo los herreros habían utilizado fuego, vinagre y palancas para lograrlo; cómo habían encontrado «en el fondo del agujero un estanque verde» que contenía mil dinares, y, cómo esta cantidad de oro correspondía exactamente a lo que había

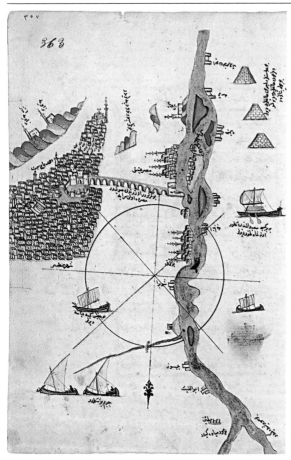

En la segunda mitad del siglo XVI, la carta de navegación de puerto a puerto del almirante turco Piri Reis, contenido en el «Libro de las materias marinas», no se limita a Egipto, sino que describe la costa mediterránea. La página de la ilustración –el norte está en la parte inferior– muestra el Nilo a la altura de El Cairo, donde se divide en dos brazos, en la punta del delta. En la margen derecha, concentrada al pie de las colinas de Moqattam, la capital otomana se une al río por el acueducto de Saladino, que la aprovisionaba de agua. En la margen izquierda, tres pirámides, claramente truncadas y sin revestimiento, parecen haber sido colocadas allí sin ninguna precisión geográfica. Es posible que sea para recordar que sirvieron en parte como canteras, habiéndoseles quitado el revestimiento de piedra caliza, a partir de la época fatimida, para construir las murallas de la ciudad. De hecho, las excavaciones de la pirámide de Dyedefra, en Abu Rawash, han demostrado que la explotación de la tumba del hijo de Keops empezó ya en la época romana, y se sabe, por el testimonio de Petrie, que continuaba todavía a finales del siglo XIX.

costado practicar el agujero en la pirámide, el califa «se quedó admirado viendo que los antiguos habían podido saber precisamente la suma que costaría y el lugar exacto donde sería hallado el estanque con los dinares». ¡Desde luego, había de que sorprenderse!

Por lo demás, se sabe que el revestimiento de las pirámides fue utilizado por Saladino para edificar «la Ciudadela de la Montaña, las murallas de El Cairo y de Masr, y los puentes de Guiza», y que fue su hijo Uthman quien, mal aconsejado, «desfiguró» la cara norte de la pirámide de Micerino, en un intento fallido de penetrar en su interior. Uno de los aspectos más interesante de la sabia compilación de Maqrizi es hacernos conocer con gran detalle las diversas leyendas árabes relacionadas con las pirámides y, en particular, la del rey Surid, contenida en *L'Abrégé des Merveilles*, que hace de los gigantescos monumentos de Guiza los recipientes de la ciencia y la sabiduría de los sacerdotes, y otras que ven en ellas las tumbas de Agatodemon y de Hermes, para satisfacción de los amantes del esoterismo.

Peregrinos y viajeros occidentales

Entre los centenares de grafitos que han dejado los visitantes sobre las piedras de la cúspide de la Gran Pirámide –cuando se está al pie de ella no se advierte que allí arriba hay una plataforma cuadrada de diez metros de lado–, se encuentra la fecha aislada de 1355, que demuestra que, una vez desaparecido el revestimiento del monumento, los viajeros occidentales la escalaron a partir del mediados del siglo XIV, como mínimo.

Pasado el tiempo de la última cruzada, menos de un siglo antes, los viajeros occidentales, que eran ante todo peregrinos que se dirigían a Tierra Santa, comenzaron a interesarse por el país que atravesaban, a la ida o a la vuelta de sus peregrinaciones. Las pirámides se convirtieron en una etapa obligada.

Se han inventariado más de doscientas relaciones de viajes, publicadas en su mayoría entre el siglo XV e inicios del XVI; hay numerosas repeticiones, y ciertos autores, que con toda seguridad no habían visto los monumentos de los que hablaban, se contentaron a todas luces con inspirarse en la prosa de otros o en la de los autores clásicos, pero ninguno de estos textos tiene el menor interés.

Monogramas de peregrinos, nombres de comerciantes, de misioneros, de sabios, de viajeros conocidos o de soldados: a lo largo se los siglos se han grabado innumerables grafitos en los bloques de la Gran Pirámide (en especial alrededor de la entrada y en la cúspide), ya que la desaparición del revestimiento liso de caliza había hecho posible la ascensión. Así, en la piedra que se encuentra a la derecha de la entrada principal, se ven, una debajo de otra, la «firma» de

Mercator, el ilustre geógrafo flamenco, y la de Davidson, el diplomático inglés que descubrió la primera cámara de descarga, dejadas en los años 1563 y 1764 respectivamente. Grabado más arriba se puede leer: «Su masa indestructible ha fatigado al tiempo», según un poema del abad Delille, que loaba, de hecho, los monumentos de Roma.

Entre los más interesantes, Jean de Mandeville, en su *Livre des merveilles du monde* (1356), a pesar de algunas referencias bastante precisas sobre los «graneros de José», y aunque deja entender que podrían tratarse de «sepulturas de grandes señores de los tiempos pasados», se refiere a la Gran Pirámide como a una torre, posiblemente porque Amiano Marcelino la describía así, como también lo hará, dos siglos más tarde, el noble checo Christophe Harant.

Uno de los testimonios más antiguos, el del flamenco Joos van Ghistele, quien estuvo al servicio de Carlos el Temerario antes de llegar a Egipto en 1482, es bastante dudoso, ya que adjudica a la Esfinge una leyenda que cuenta que un hombre fue a consultar al «ídolo» que «tenía el hábito de hablar en la época de la idolatría», y le preguntó «cuál sería su futuro, y la cabeza le respondió que sería rey y señor de Egipto»; esta historia tiene demasiado en común con la de Tutmosis IV, grabada en la famosa Estela del Sueño, ya que no cabe pensar en una transmisión oral que, sin otros relatos conocidos, habría perdurado tres milenios.

En muchos otros autores abunda la idea de que el constructor de la Gran Pirámide es el «faraón que se ahogó en el mar Rojo»: es el caso de André Thevet, aunque también menciona a Keops. En su *Cosmographie de Levant* (1554), afirma, entre otras cosas, que no es «verosímil» que las pirámides hubieran sido «los apoyos de los graneros del faraón», ya que dice haber visto en una de ellas «una gran losa de mármol, tallada en forma de sepulcro».

Su texto va acompañado de la imagen de una cabeza con los cabellos ondulados, que es la más antigua representación «moderna» de la Esfinge, y de una pirámide extrañamente puntiaguda que hace pensar más en el monumento funerario de Cayo Cestio, en Roma, que en la tumba de Keops. El hecho de que las pirámides fueran representadas de esta manera durante mucho tiempo, curiosamente parecida a la del signo jeroglífico egipcio o a la de las pirámides de Sudán, por gentes que las habrían visto, sugiere de todos modos que, de un modo u otro, estarían influidas por la tumba romana, a la que algunos hacen alusión, como Robert Huntington en 1695.

El viaje a Egipto: una plétora de relatos

De una obra a otra se puede ver progresar, poco a poco, la exploración de la estructura interna de la Gran Pirámide, la única accesible hasta inicios del siglo XIX. Para algunos, ésta parece haber sido la aventura de su vida, en especial para

Con excepción de algunos detalles, las mismas vistas imaginarias de las pirámides se encuentran a veces en obras diferentes; algunos autores que no han visitado Egipto las toman con frecuencia de aquellos que sí hicieron el viaje. Éste es el caso de este grabado (*inferior*), en el que la Esfinge aparece dos veces en un campo de pirámides: extraído de *Description de l'Afrique*, publicada en 1686 por el holandés Olfert Drapper, la repite a continuación el grabador Pieter van der Aa, en su *Galerie agréable du monde*.

aquellos que han intentado descender por el «pozo» que une la Gran Galería con el corredor que desciende hacia la cámara subterránea inacabada.

De este modo, las pirámides pierden un poco de su misterio: en 1646, el inglés John Greaves publica su *Pyramidographia or a Description of the Pyramids in Ægypt*, que se puede considerar como la primera aproximación científica a los famosos monumentos; unos años más tarde, en 1678, para un cierto Ellis Veryard, que las concibe como «jeroglíficos de la inmortalidad del alma», no son más que «prodigiosos montones de piedras talladas».

Durante la segunda mitad del siglo XVII y durante todo el siglo siguiente se suceden las publicaciones de relatos de viaje que hablan de las pirámides, más o menos ampliamente. Sin ser exhaustivo, se deben mencionar a título indicativo *Voyage au Levant*, del francés Jean de Thévenot (1664); *Nouvelle relation en forme de journal d'un voyage fait en Égypte*, del padre Vansleb (1677); *Voyage du Sieur Paul Lucas au Levant* (1705); *Description de l'Égypte*, de Benoît de Maillet (1735), en el que se publica la primera sección de la Gran Pirámide; *Description of the East, and Some Other Countries*, del inglés Richard Pococke (1743-1745); *Travels*, del danés Frederic-Louis Norden (1751); *Description historique el géographique des Plaines d'Heliopolis et de Memphis*, de Claude Louis Fourmont (1755); etcétera.

En vísperas de la Revolución francesa, dos libros impregnados por la filosofía de la Ilustración, *Lettres d'Égypte*, de Claude Savary (1786) y *Voyage en Syrie et en Égypte*,

Aunque se inspiran con frecuencia los unos en los otros, o citan ampliamente, los testimonios de los autores clásicos, cada uno de los diferentes relatos de viaje (*superior* e *inferior*) publicados entre mediados del siglo XV y finales del XVIII, añaden algo de su propia cosecha al conocimiento de las grandes tumbas reales de Guiza.

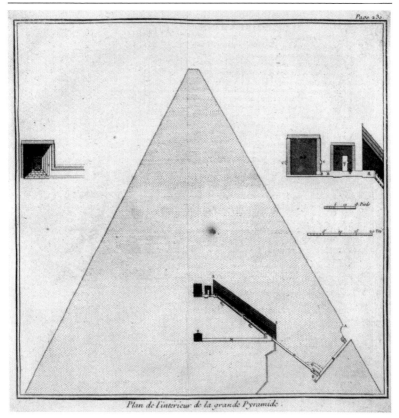

Plan de l'intérieur de la grande Pyramide.

de Volney (1786), tuvieron una gran influencia sobre los intelectuales y sobre los políticos. No se limitan a describir pirámides y otros monumentos, sino que los dos autores manifiestan las reflexiones que les inspira el país y, casi en los mismos términos, sugieren la conquista de Egipto. Para Savary, «este bello país, en manos de una nación amiga de las artes, se convertiría en el centro del comercio mundial. Sería el puente que uniría Europa y Asia [...]». Volney dice prácticamente lo mismo, y no es sorprendente saber que, de hecho, Bonaparte utilizó su relato como guía de viaje.

A pesar de que las proporciones son erróneas, la sección de la Gran Pirámide (*superior*) de Benoît de Maillet (1735) muestra lo que se conocía entonces de su estructura interna e incluye los «tapones de granito» situados en la unión de los corredores descendiente y ascendente. La cámara subterránea y las cinco cámaras de descarga se descubrirán más tarde.

Entre la célebre expedición a Egipto que terminó en el otoño de 1801 y la que dirigió Richard Lepsius, entre 1842 y 1845, en la primera mitad del siglo XIX, el país presencia el paso de diversas expediciones cuyo objetivo esencial es despejar y, sobre todo, estudiar los monumentos faraónicos, en especial las pirámides de Guiza, con un espíritu cada vez más científico.

CAPÍTULO 2

SOLDADOS, AVENTUREROS Y PIONEROS

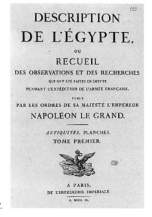

Después de la derrota de Abukir y a pesar de la batalla de las Pirámides (página anterior), la campaña del Ejército de Oriente no pudo ser el éxito militar con el que contaba Bonaparte, pero el balance científico de la expedición es excepcional, como lo prueban los millares de páginas y los centenares de láminas de *Description de l'Égypte*, publicada a partir de 1809 (*derecha*).

«La gloria de las armas, copartícipe del descubrimiento artístico»

Así definió Bonaparte, una vez emperador, la campaña de Egipto. Acompañaba a su ejército un verdadero batallón de sabios; como él dijo, «un tercio de todo el Instituto». La realización, aunque inacabada, de su sueño oriental marca el inicio del redescubrimiento de Egipto, de su antigua civilización: las dos ediciones de la monumental obra *Description de l'Égypte* están ahí para demostrar que en algo más de tres años se catalogó, midió y describió todo el país.

Si apenas veinte días después del desembarco en Alejandría, el 1 de julio de 1798, las tres pirámides quedaron unidas para siempre a la gesta napoleónica por la famosa frase pronunciada por Bonaparte para arengar a sus tropas («¡Soldados, pensad que de lo alto de estas pirámides, cuarenta siglos os contemplan!») antes de una batalla que, en realidad, no se desarrolló a sus pies, no fue hasta inicios de 1801 que el ingeniero Jean-Marie Coutelle y el arquitecto Jean-Baptiste Le Père «se establecieron en el desierto» para estudiarlas con detalle. Bonaparte había regresado a París, donde se convertiría en emperador, y su sucesor en la campaña, el general Kléber, había sido asesinado, por lo que fue Menou, sucesor a su vez de éste, quien los designó para realizar las excavaciones e investigaciones en Guiza, Saqqara y el yacimiento de Menfis.

En las «Observaciones sobre las pirámides de Guiza y los monumentos y construcciones

Bajo la mirada del general en jefe, un fusil con bayoneta, uniformes y una bandera están junto a una estela, un papiro y un vaso canope. Estos detalles del decorado de un techo pintado para una de las salas egipcias del Louvre (*superior*) recuerdan el carácter especial de una expedición que, aparte de una conquista pasajera de un país, será finalmente más científica que militar. Para los soldados, todos los ingenieros, arquitectos, artistas, matemáticos, geómetras, botánicos y zoólogos, eran, indistintamente, los «sabios».

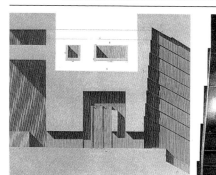

La sección de la antecámara (1) entre la Gran Galería (2) y la cámara del rey (3) muestra la precisión de los datos de Coutelle (*extremo izquierda*). Desde la Gran Galería, una persona entra en la galería de acceso (4) a la primera cámara de descarga (5) (*izquierda*). La Gran Galería vista desde abajo en la desembocadura del «pozo» (*inferior*).

que los rodean», publicadas a continuación en *Description de l'Égypte*, Coutelle recuerda «el plan de trabajos a realizar», las condiciones en que se hicieron y proporciona algunas juiciosas observaciones: «Cien hombres armados, que yo mandaba, aseguraban nuestra tranquilidad frente a las incursiones de los árabes; se emplearon inicialmente ciento cincuenta obreros turcos, con una parte de la tropa, para buscar la base de la gran pirámide, demoler una de las más pequeñas, cavar los pozos de la gran pirámide, descubrir la esfinge y excavar las tumbas. Mientras se realizaban los primeros trabajos, nos ocupamos en reconocer y medir la entrada de la gran pirámide, así como las galerías y las cámaras que, aunque descritas por todos los viajeros, debían ser parte de nuestras investigaciones».

Con las principales medidas de los diversos elementos de la Gran Pirámide, por lo menos los conocidos en aquella época, Coutelle describe su circulación interna, con especial atención a la «cámara de las rejas» (antecámara), donde analiza el mecanismo de cierre, al «vacío por encima de la cámara sepulcral», también llamada la «primera

cámara de descarga», siendo probablemente
el primero en definirla de este modo, y el «pozo»,
que había empezado a despejar con la esperanza
de «descubrir el motivo de un trabajo tan pesado».

Como ya habían hecho otros, en particular
el ingeniero y geógrafo Edme François Jomard,
mediante medidas físicas, y el astrónomo
Nouet mediante cálculos trigonométricos, Coutelle
y su álter ego se esforzaron en definir las dimensiones
precisas del monumento, despejando los ángulos
de la parte norte para determinar las de la base
y utilizando un instrumento puesto a punto por
Le Père para tomar la altura «de todos los escalones
de la Gran Pirámide a partir de la cúspide».
Si su estimación de la longitud de la base supera
en 2,40 m la cifra comúnmente aceptada en la
actualidad (230,34 m), la altura que determinaron
es solamente quince centímetros inferior a los
138,745 m medidos por Georges Goyon en la
década de 1940, sabiendo que ellos habían contado
203 hiladas, cuando de hecho sólo se conservan 201.

A pesar de algunas imprecisiones en el plano
del sitio y en la sección de la Gran Pirámide –no
hay seis pequeñas pirámides al sur de la de Keops
y la cámara del rey está desplazada hacia el sur–,
es notable el conjunto de dibujos y relaciones.
En cambio, la amplia descripción de los monumentos
que hace Jomard contiene reflexiones muy poco
científicas, que han contribuido en gran manera
a numerosas elucubraciones posteriores. A los
ojos del futuro comisario imperial para la publicación
de *Description de l'Égypte*, que tiene a la sazón
veinticuatro años de edad, «todo es misterioso [...]
en la construcción y la distribución del monumento».
No duda en escribir: «No es nada inverosímil
pensar que en un edificio como éste se celebraran
misterios, o quizá, que se practicaran iniciaciones
en las salas inferiores, y en general, ceremonias
de culto, ritos religiosos [...]». Llega incluso a decir:
«En estos monumentos, y sobre todo en la primera
pirámide, el objeto principal no es el funerario, debe
de ser mucho más amplio, e incluso no se ha probado
que algún rey fuera colocado aquí tras su muerte».

*La vista general
de las Pirámides
y de la Esfinge
tomada a la puesta
del sol*, pintada
por Charles Balzac
para *Description
de l'Égypte* (*inferior*)
es un panorama. Unos
sabios, en pie sobre
la cabeza de la Esfinge,
tratan de determinar
sus medidas.

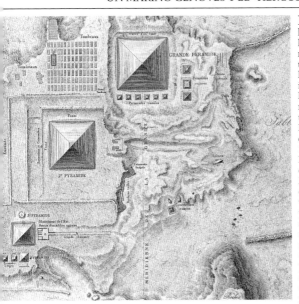

Puede ser que las relaciones de los monumentos, los mapas y los planos trazados durante la ocupación francesa impresionen aún por la calidad del trabajo, realizado en muy corto tiempo, ya que todo Egipto y Palestina se cartografiaron a escala 1/100.000 en tres años. El plano topográfico de las «Pirámides de Menfis» (*izquierda*), establecido para una vasta zona no excavada y a la que ni siquiera se había quitado la arena en su totalidad, muestra, además de las tres pirámides propiamente dichas, casi todos los elementos de cada conjunto piramidal: los templos altos de Kefrén y Micerino, la «gran calzada» de éstos, pirámides de reinas, la Esfinge, murallas y mastabas del cementerio del oeste. Incluso se identifica el trazado de las calzadas de las pirámides de Keops y Kefrén.

Un marino genovés y el «Hércules de Padua»

En los años que siguieron a la partida del Ejército de Oriente, la búsqueda de antigüedades se convirtió en una desenfrenada carrera en la que participaban cónsules, como Salt, Drovetti o Anastasi. Ésta es la razón de los descubrimientos que hicieron dos italianos en las pirámides de Keops y Kefrén, que aunque habían sido financiados para realizar excavaciones, no habían pertenecido jamás a ninguna «Comisión de las ciencias y las artes».

Los pintorescos grabados del italiano Luigi Mayer, publicados en su *Views in Egypt*, editado en 1804, muestran la cámara funeraria de Keops (*página anterior*) y la Gran Galería, vista desde la desembocadura del pasaje de acceso ascendente (*izquierda*). Junto a los grandes compendios colectivos como *Description de l'Égypte* (1809-1828) y *Denkmäler aus Ägypten und Äthiopien* (1849-1859), de la expedición prusiana, y obras personales como *Monuments de l'Égypte et de la Nubie* (1835-1848) y *Monumenti dell'Egitto e della Nubia* (1832-1844), publicadas independientemente por Champollion y Rossellini tras su expedición conjunta, el sigo XIX presenció la aparición de obras de autores individuales, artistas o egiptólogos. Así, por ejemplo, Vivant Denon, uno de los miembros más eminentes de la expedición de Bonaparte, publica su *Voyage Dans la Basse et la Haute-Égypte* en 1802, y Prisse d'Avennes, uno de los pioneros de la naciente egiptología, publica, entre 1858 y 1877, un *Atlas de l'histoire et de l'art égyptien, d'après les monuments, depuis les temples les plus reculés jusqu'à la domination romaine.*

El genovés Giovanni Caviglia trabajaba en despejar parcialmente la Esfinge y en la Gran Pirámide. El 1817, reemprendió el desescombrado del pozo que Coustelle y Le Père habían debido interrumpir por imperativos de orden militar, sin poder llegar al final. Procedió a continuación a realizar diversas «zapas» abandonadas rápidamente, en particular en la cámara de la reina, decidiendo después despejar el pasaje descendente, que estaba todavía lleno de escombros hasta el nivel de los tapones de granito, y alcanzó así la cámara inacabada excavada en la roca a treinta metros de profundidad «bajo el centro de la pirámide». Antes, había localizado la desembocadura del pozo en la galería descendente, lo que le había permitido acabar de vaciar la parte inferior, con lo que reestableció la circulación del aire con las galerías superiores.

Giovanni Belzoni, testigo de estas operaciones, las relatará en el primer volumen de sus *Viaggi in Egitto ed in Nubia*, publicado en 1821. Este último y singular personaje, que había sido forzudo de feria en Londres, fue a Egipto con la esperanza de vender a las autoridades una nueva rueda hidráulica (cuya demostración fue un fracaso), que presentó al virrey Mohammed Alí, quien descubrió la entrada a la pirámide de Kefrén: la entrada estaba simplemente cubierta por los montones de restos que se habían ido acumulando cuando los canteros de la Edad Media quitaban

Este grabado, que sirve de frontispicio a sus *Viaggi in Egitto ed in Nubia*, muestra a Belzoni vestido a la oriental, una moda que siguió como la mayor parte de los europeos, incluso Champollion, que pasaban algún tiempo en Egipto en aquella época.

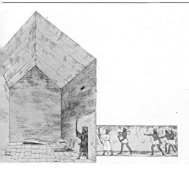

el revestimiento fino de piedra caliza. Cuando Belzoni, el 2 de marzo de 1818, justo un mes después de haber descubierto la inmensa tumba de Seti I en el valle de los Reyes, penetra en la cámara funeraria de Kefrén, es para encontrar una «inscripción en árabe» que le confirma ser el primer europeo en estar allí, y que había sido precedido por «algunos de los señores mahometanos de Egipto», en el último tercio del siglo XIV. Es posible que para hacer olvidar este hecho, escribiera con letras inmensas su nombre y la fecha de su descubrimiento en una pared de la cámara.

Procedió a desescombrar la cámara funeraria de Kefrén, bastante más simple que la de Keops, a pesar de su doble entrada. Al establecer un paralelo entre las dos tumbas reales, se asombra de «que no se encuentra ningún jeroglífico ni fuera ni dentro de estos monumentos gigantescos», y como no se tiene todavía ninguna idea de la edad real de las pirámides, concluye que «la ausencia de jeroglíficos no constituye prueba alguna a favor de la antigüedad de estos monumentos».

Un escriba casi indiferente

Posiblemente es esta «ausencia de jeroglíficos» la que explique una reacción sorprendente, a pesar de todo, por parte de Jean-François Champollion.

La carta escrita «al pie de las pirámides de Guiza, el 8 de octubre de 1828», la quinta de las treinta y una *Lettres écrites d'Égipte et de Nubie en 1828 et 1829*, es también

El descubrimiento de la entrada a la pirámide de Kefrén por parte de Belzoni (página anterior, *izquierda*) queda como uno de los grandes momento de la época pionera. A lo largo de casi todo el muro sur de la cámara funeraria del rey (dibujo de Belzoni, *superior izquierda*, y fotografía, *superior*), el italiano dejó una inscripción –«Scoperta da G. Belzoni. 2 mar. 1818»– de un tamaño semejante a la decepción que debió de sufrir al constatar que no era el primero en entrar en ella, como lo probaba un grafito en árabe escrito por «Mohammed Ahmed, maestro cantero», quien alardea de haber abierto la pirámide en presencia del «señor Uthman». La sección de la pirámide (página anterior, *derecha*) es inexacta: la cámara real y su corredor de acceso fueron cavados en la roca, no añadidos en el macizo construido.

la más corta. En esta correspondencia que da cuenta del desarrollo de la expedición franco-toscana organizada con su discípulo Ippolito Rosellini, el más grande de los egiptólogos nunca calificó a las pirámides de «maravillas» sino que más bien relativizó su interés: «Deben ser estudiadas de cerca para apreciarlas correctamente; parecen disminuir de altura a medida que uno se acerca, y solamente al tocar los bloques de piedra de que están constituidas se tiene una idea de su masa y su inmensidad. Hay poco que hacer aquí, y cuando se hayan copiado las escenas de la vida doméstica, esculpidas en una tumba vecina a la segunda pirámide, ganaré nuestras embarcaciones que vendrán a recogernos a Guiza, y nos llevarán a toda vela al Alto Egipto, mi verdadero cuartel general. Tebas está allí y se llega siempre demasiado tarde». Desprovistas de inscripciones, las montañas de piedras no tenían nada que descifrar: ¡necesitaba enfrentarse a textos!

El precio de la modernización

A lo largo de su viaje por el Nilo hasta Wadi Halfa, Champollion y Rosellini sintieron en bastantes ocasiones lo que el primero califica de «lamentos apesadumbrados»: allí donde, exactamente treinta años antes, los sabios de Napoleón habían visto monumentos casi intactos, se encontraba que hallaba nada más «que el sitio» de edificios demolidos, a veces pocos días antes de su llegada, como en uno de los templos de Esna, donde las piedras habían sido utilizadas «una docena de días» antes para reforzar los muelles de la ciudad, amenazados por el río. Como precio a pagar por la modernización del país y por la industrialización incipiente, numerosos edificios antiguos habían sido explotados como vulgares canteras.

Champollion, reproducido aquí (*inferior*) durante la expedición franco-toscana, fue el primero en llamar la atención a Mohammed Alí sobre la urgencia de salvar «todos los tipos de monumentos que atestiguan todavía el poder y la grandeza del Antiguo Egipto, y que son, al mismo tiempo, los mejores adornos del Egipto moderno». A raíz de su «Nota para la conservación de los monumentos de Egipto», de noviembre de 1829 (*extremo inferior*), el virrey dictó el 15 de agosto de 1835 una «orden superior» para protegerlos. Sin embargo, ese mismo año debían haber empezado los trabajos de demolición de las pirámides de Guiza.

NOTE REMISE AU VICE-ROI POUR LA CONSERVATION
DES MONUMENTS DE L'ÉGYPTE.

Alexandrie, novembre 1829.

Parmi les Européens qui visitent l'Égypte, il en e annuellement, un très-grand nombre qui, n'étant ar nés par aucun intérêt commercial, n'ont d'autre dé ou d'autre motif que celui de connaître par eux-mên et de contempler les monuments de l'ancienne civili tion égyptienne, monuments épars sur les deux ri du Nil, et que l'on peut aujourd'hui admirer et étud en toute sûreté, grâce aux sages mesures prises par gouvernement de Son Altesse.

Faltó muy poco para que la Gran Pirámide corriera esta triste suerte. En sus *Mémoires sur les principaux travaux d'utilité publique exécutés en Égypte* (1872-1873), Louis Linant de Bellefonds, quien fue director de obras públicas en la época de Mohammed Alí, relata cómo el virrey, que había dictado en 1835 una «orden superior» destinada a proteger los monumentos de Egipto, había decidido, sin embargo, «que era preciso demoler las pirámides de Guiza para utilizar las piedras en la construcción de represas» en el extremo del delta.

Las pirámides, de las que los canteros de la Edad Media habían dejado la gran masa de piedras calizas bastas, utilizando únicamente de todas ellas las del revestimiento exterior, mucho más finas, se salvaron gracias a la habilidad de Linant. Éste no exteriorizó todo lo que pensaba de «esta proposición deplorable», y se contentó con demostrar, en un informe económico aplicado únicamente a la Gran Pirámide, que la demolición de la misma y el transporte de las piedras por un canal que se tendría que excavar, resultaría más caro que la explotación de una cantera. El proyecto fue abandonado.

Curiosidad, perseverancia y... pólvora de cañón

A dos ingleses, que no estuvieron mucho tiempo en el país, se deben los trabajos más importantes realizados en Guiza en los años que vieron pesar

Si en las tumbas de Keops, Kefrén y Micerino no se ve nada más que gigantescos montones de piedra, se puede entender que en la opinión de algunos fueran consideradas como canteras ventajosas, ya que estaban constituidas por bloques ya tallados. De hecho, antes de que las pirámides fueran percibidas como uno de los más bellos florones del patrimonio de la humanidad, solamente se salvaron de la destrucción por la diferencia de calidad existente entre la piedra caliza bastante basta de su núcleo y la de la más fina de su revestimiento. Al estar interesados únicamente en esta última, los canteros de la Edad Media fueron pasando de una pirámide a la otra sin tocar el macizo en sí.

fugazmente una amenaza tan grande sobre las pirámides.

Llegado a Egipto en 1835 con la idea de explorarlas sistemáticamente, el coronel Howard Vyse obtuvo la firma necesaria de Mohammed Alí gracias a la intervención de otro coronel, el cónsul británico Campbell, quien había aceptado cofinanciar los trabajos con el vicecónsul Sloan y el propio Vyse. En noviembre de 1836, confió las excavaciones a Caviglia, pero, como éste realizaba los trabajos a su aire, sin tener en cuenta las consignas inglesas, fue rápidamente reemplazado por John Perring, un ingeniero civil que se ocupaba desde hacía poco tiempo de las obras públicas financiadas por el virrey. Esta vez el acuerdo fue tan bueno que Vyse no dudó en volver a Inglaterra en agosto de 1837, dejando a Perring para que llevara a término las operaciones.

Publicado por Vyse en forma de diario, aunque no estuvo siempre sobre el terreno, su *Operations Carried on at the Pyramids of Gizeh in 1837* da cuenta de la actividad desarrollada por Perring para él en todos los frentes, dando para cada día el número de obreros y el detalle del trabajo ejecutado. Así, el 14 de marzo, con 7 rais, 134 hombres y 127 niños, se trabaja al mismo tiempo en varios puntos de la pirámide de Keops, en la de Micerino, en dos de las pequeñas pirámides del sur, en la gran tumba saita denominada «de Campbell» y en los «corredores de prueba», una especie de maqueta de las galerías de la Gran Pirámide, situada al este de la misma.

Aparte del descubrimiento de la segunda entrada de la pirámide de Kefrén y la de las desembocaduras de los conductos de ventilación de la cámara funeraria de Keops, se debe básicamente a Perring el descubrimiento de otras cuatro cámaras

Con el fin de proteger el cuerpo del rey, los arquitectos de Keops crearon unas «cámaras de descarga» (*inferior*, diagrama de Vise). Las cuatro primeras son de techo plano; la última tiene una viga en el techo. Esta estructura de vigas de gran tamaño sufrió graves daños debido al hundimiento causado por su propio peso.

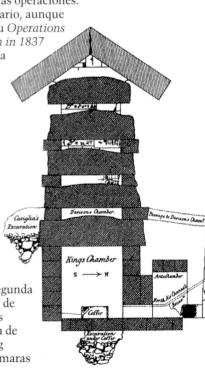

de descarga de la Gran Pirámide y la de la entrada a la tercera pirámide.

Dado que la primera de las cámaras de descarga de Keops, llamada «cámara de Davison» por el nombre del inglés que había encontrado el acceso en 1765, tiene un suelo muy irregular, pero un techo tan perfecto como el de la cámara del rey, Perring se vio tentado de verificar si había por encima un espacio semejante. Conjugando el conocimiento de los canteros de Moqattam y, a pesar de los riesgos, la pólvora de cañón, abandonó la zapa que Caviglia había comenzado hacia el sur e inició una chimenea vertical. El 29 de marzo entró en una nueva cámara, a la que dio el nombre de Wellington, y después, continuando la progresión, alcanzó, sucesivamente las que se conocen con los nombres de Nelson, lady Arbuthnot y Campbell: un descubrimiento importantísimo que confirma que la Gran Pirámide es obra de Keops, ya que encuentra numerosas inscripciones en las que figura el cartucho del rey.

Tras el descubrimiento de las cuatro cámaras de descarga superiores, por parte de Perring, algunos visitantes contemporáneos tuvieron la rara oportunidad de acceder a ellas y a explorar las cuevas, a pesar de que la altura de muchas de ellas apenas exceden 1 m. La cámara de Campbell (*superior*) es la más alta. Hay algunas marcas pintadas, incluyendo el nombre de Keops, que aparece varias veces.

Después de que Belzoni hubiera conseguido
entrar en la pirámide de Kefrén, solamente la
de Micerino conseguía resistirse a los excavadores.
Vyse y Perring pusieron manos a la obra, sin éxito
alguno, partiendo del fondo de la brecha que Uthman,
el hijo de Saladino, había abierto en la cara norte
del monumento. Las perforaciones realizadas hacia
el corazón de la pirámide, primero horizontalmente
y luego verticalmente no condujeron a nada,
por lo que decidieron desembarazar la parte baja
del revestimiento de granito todavía presente.

Basándose en la posición de las entradas a las otras pirámides, descubrieron de un modo bastante lógico la esperada abertura el 29 de julio de 1837. La cámara funeraria contenía todavía la tapa rota y la base intacta de un magnífico sarcófago con un decorado tipo «fachada de palacio», y una parte de una tapa de ataúd antropomórfico grabado con el nombre del rey, pero ciertamente tardío, con algunos restos humanos. Éste, en el que se habrían colocado los restos reales antes de ser vueltos a inhumar tras una profanación, fue llevado por Vyse al Museo Británico, pero la base de piedra, que debía seguir el mismo camino, duerme en el fondo del Mediterráneo, ya que la nave que lo transportaba naufragó frente a las costas de Cartagena.

Incluso antes de que salieran a la luz los tres volúmenes de la obra de Vyse, Perring, quien después de Guiza amplió su campo de acción hasta Saqqara, publicó, en 1839, tres grandes volúmenes titulados *The Pyramids of Gizeh*, de los que hay que resaltar la precisión de los datos así como la extraordinaria calidad de los planos y las secciones.

«Osiris, rey del Alto y del Bajo Egipto, Menkaure, vivo para siempre, nacido del cielo, alumbrado por Nut, heredero de Geb [...] Tu madre Nut se extiende sobre ti en su nombre celestial. Ella hace de modo que tú existas sin que tengas antagonista, rey del Alto y Bajo Egipto, Menkaure, vivo para siempre» Esta fórmula, grabada a dos columnas en la tapa del ataúd de madera, está tomada de los Textos de las Pirámides, como se hacía con frecuencia a partir de la Dinastía XXVI, lo que prueba que la tercera pirámide (*inferior*) había sido violada y que los restos de Micerino fueron inhumados de nuevo en esa época, posiblemente por un sacerdote funerario del rey, en un ataúd antropomórfico, cuyo tipo era desconocido en el Imperio Antiguo.

La cámara de Micerino (*izquierda*) y los restos de su ataúd de madera (*derecha*).

DENKMAELER

AUS

AEGYPTEN UND AETHIOPIEN

NACH DEN ZEICHNUNGEN

SEINER MAJESTÄT DEM KOENIGE VON PREUSSEN
FRIEDRICH WILHELM IV
NACH DIESEN LÄNDERN GESENDETEN
UND IN DEN JAHREN 1842-1845 AUSGEFÜHRTEN WISSENSCHAFTLICHEN EXPEDITION

AUF BEFEHL SEINER MAJESTÄT

C. R. LEPSIUS

ERSTE ABTHEILUNG
TOPOGRAPHIE UND ARCHITECTUR
BLATT I-LXVI

BERLIN

Un aniversario real «en la cúspide»...

El tiempo de los pioneros se acabó con la expedición prusiana, ordenada y financiada por el rey Federico Guillermo IV. Dirigida sobre el terreno por Richard Lepsius, el fundador de la egiptología alemana, entre 1842 y 1845, es la última gran empresa de esta envergadura, como lo atestigua la publicación de los doce volúmenes en folio de *Denkmaeler aus Aegypten und Aethiopien* (1849-1859), monumento editorial tan impresionante como *Description de l'Égypte*, el único que se le puede comparar, pero que se distingue de éste por el hecho de que los textos jeroglíficos que se encuentran fueron copiados por gente que, gracias al descubrimiento de Champollion, comprendían lo que tenían a la vista.

Si Lepsius traza un mapa de la necrópolis menfita –de Guiza a Saqqara–, o, de una lámina a la otra, cataloga sesenta y cuatro pirámides que, una vez excavadas, resultan ser, a veces, monumentos de otro tipo, no concede ninguna atención particular a las del yacimiento de Guiza, donde, de todos modos, los descubrimientos parecían haber terminado. Da la impresión de que para este lingüista, émulo de Champollion, una mastaba con inscripciones, aunque fuera modesta, tenía más interés que un inmenso monumento desprovisto de las mismas.

Habiendo escogido la fecha del 15 de octubre de 1942 para su «primera visita a la Gran Pirámide», ya que era «el cumpleaños de su majestad», organizó «una pequeña fiesta en honor del rey y de la patria», hizo la ascensión «del monumento más antiguo

El jeroglífico que bordea esta litografía explica cómo los miembros de la expedición prusiana festejan el cuadragésimo séptimo cumpleaños de su rey «sobre la pirámide de Keops». (*superior*).

y más alto construido por el hombre» para plantar la bandera y saludar al «águila prusiana con tres vítores al rey», antes de dejar constancia de su paso en una inscripción jeroglífica de once columnas, con los nombres de los miembros de la expedición, grabada en uno de los dinteles en espiga que dominan la entrada de la galería descendente.

Con sus 894 láminas gran folio (55 × 70 cm), *Denkmaeler aus Aegypten und Aethiopien* (página anterior) constituye, todavía hoy, una notable obra de referencia.

Al firmar la ordenanza que el 1 de junio de 1858 nombra al francés Auguste Mariette *Mamur*, es decir, director «de los trabajos de antigüedades en Egipto», el virrey Said Pacha marca el fin de una época. Con la creación del Servicio de Antigüedades, se termina el tiempo de las excavaciones salvajes y, a partir de ese momento, desde las pirámides a los sitios menos conocidos, el trabajo sobre el terreno es una exclusiva de los egiptólogos.

CAPÍTULO 3

EL TIEMPO DE LA CIENCIA

Con la excavación del templo del recibimiento (o «templo bajo») de la pirámide de Kefrén (*izquierda*), Auguste Mariette abre la era de las excavaciones sistemáticas del sitio de Guiza, que vendrán marcadas por grandes descubrimientos, como el de la tumba de la reina Hepetheres, la madre de Keops, por el americano George Reisner (*derecha*).

Un templo por otro

Mariette, a las órdenes directas del virrey,
recibió el encargo de excavar y preservar
los monumentos y, por otra parte,
de crear un museo. Apenas nombrado,
puso en marcha un programa de trabajos
impresionante que, de Tanis a Elefantina,
transformó Egipto en un inmenso taller
de excavaciones: en poco más
de veinte años investigó
más de treinta y cinco
yacimientos
importantes.

Guiza figura entre los
primeros en que
intervino. Mariette
ya había trabajado
años antes gracias
al apoyo del duque de
Luynes, pero había tenido
que detenerse antes de terminar
las excavaciones iniciadas.

Al término de las de Serapeum,
en Saqqara, en 1853, su
mecenas le encargó la misión
de verificar qué podía haber
de cierto en
un texto en el que
Plinio el Viejo da a
entender que, para
algunos, la Esfinge,
hecha a base de
elementos llevados
al lugar donde
se erige, en lugar
de estar esculpida
en la roca, sería
la tumba de un
cierto rey Armais.
En consecuencia,
reemprendió

A propósito del templo
bajo de Kefrén, Mariette
escribió: «Es notable
la extrema sencillez
de su trazado. También
se hace notar, aparte
de la masa de los
materiales, el modo en
que se han dispuesto.
En sus muros no hay
ni una inscripción, ni un
adorno. Todo el conjunto
es rectilíneo, sin curvas
de ningún género,
pero es impresionante
y grandioso. Se siente la
fuerza, pero en absoluto
la gracia». No queda sino
admirar la arquitectura
potente y sencilla de este
monumento (*superior*),
que aún lo sería más
cuando estaba adornado
con estatuas reales
semejantes a la de la
ilustración (*izquierda*),
la impresionante estatua
sedente de Kefrén, con
sus 1,68 m de altura.

el trabajo de despejar la inmensa estatua que había sido iniciado por Caviglia en 1816; volvió a descubrir la estela del Sueño, y, después de varios sondeos, desenterró casi por completo el vecino «templo de granito», cuyo objeto no llegó a entender.

Volvió en 1858 y comenzó los trabajos en los accesos de la más meridional de las pirámides de las reinas, situadas al este de la de Keops, pirámide que se atribuye a Henutsen. Encontró el bello sarcófago de Khufu-Ankh, que sería uno de los florones del Museo de Bulaq. Al pie de la cara oriental de esta pequeña pirámide, sus excavaciones se mostraron de gran

importancia al revelar que la antigua capilla del culto funerario de la reina se había convertido en el Período Tardío en un santuario de Isis, «Señora de las Pirámides». Encontró una estela denominada «de la hija de Keops», que creyó era de la Dinastía IV, pero que es, de hecho, un inventario de estatuas divinas, por la que se la conoce también como «del inventario», importante documento que data probablemente de la Dinastía XXVI.

En 1860, acabó la excavación del templo de granito e hizo entonces uno de sus descubrimientos más bellos, sacando a la luz la suntuosa estatua de diorita que representa a Kefrén bajo la protección de Horus. Sin embargo, a pesar de la presencia de un conjunto de otras estatuas reales, no estableció la relación entre el templo y la pirámide, y continuó viéndolo como el templo de la Gran Esfinge, planteándose la cuestión: «¿Es el monumento un anexo de la Esfinge, o es la Esfinge un anexo del monumento?».

Esta fotografía tomada en la entrada norte del templo bajo de Kefrén durante su excavación, data, probablemente, de 1860, ya que Mariette lleva el fez de los funcionarios egipcios (*superior*). Doble página siguiente: acuarela de la Esfinge (*izquierda*) realizada por el egiptólogo francés (1853), acompañada de la descripción de una de las estatuas de Kefrén (1860) (*derecha*). La mención «Temple du Grand Sphinx», sobre la copia de las inscripciones de una estatua real, muestra que Mariette no había relacionado todavía el edificio con la pirámide de Kefrén.

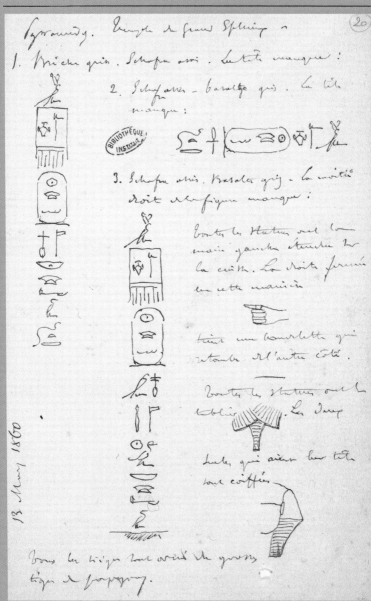

No fue hasta cuarenta años más tarde que el templo de granito se identificó como el templo bajo del complejo piramidal de Kefrén.

De Stonehenge a Guiza

En 1865, el escocés Charles Piazzi Smyth, cuyos cargos de astrónomo real y de profesor de la Universidad de Edimburgo no fueron óbice para que se mostrara partidario de las tesis de John Taylor, según las cuales los constructores de la Gran Pirámide –que solamente pudieron ser inspirados por Dios– habrían calculado las dimensiones de la misma en función de una «pulgada piramidal», que sería la quinientosmillonésima parte del diámetro terrestre, se propuso verificar con precisión las medidas del mítico monumento. Aunque el «codo sagrado» de 63,56 cm y sus pretendidas 25 pulgadas piramidales no existen más que en su imaginación, Piazzi Smyth hace determinaciones muy precisas, en particular del interior del colosal edificio, y cuya publicación tendría, por lo menos, una consecuencia de importancia: la de hacer nacer, a los trece años de edad, la vocación de William Matthew

En el negativo (*superior*), con las miras colocadas por Piazzi Smyth perpendicularmente a la base del monumento y a la pendiente del corredor descendente, determinaron un ángulo de 26° 26' 46", que forma el eje del corredor con el eje horizontal. Con ello resulta que la orientación del corredor está dirigida a la estrella Alfa Draconis (Thuban), la Estrella Polar de aquella época.

El joven Petrie (*izquierda*) posa a la puerta de la tumba rupestre que le sirvió de alojamiento en las dos misiones que dedicó a la triangulación de las tres pirámides de Guiza en 1880-1882 (esquema en la página siguiente).

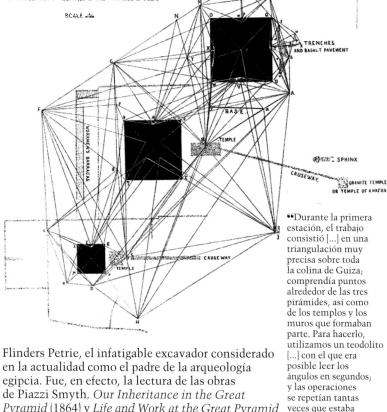

PLAN OF THE TRIANGULATION
CF THE SURVEY OF 1881 AROUND THE PYRAMIDS OF GIZEH.

SCALE

Flinders Petrie, el infatigable excavador considerado en la actualidad como el padre de la arqueología egipcia. Fue, en efecto, la lectura de las obras de Piazzi Smyth, *Our Inheritance in the Great Pyramid* (1864) y *Life and Work at the Great Pyramid* (1867), la que suscitó, y después confirmó, el interés de Petrie por Antiguo Egipto y sus monumentos, empezando por los de Guiza.

Experto en las técnicas de levantamiento topográfico por haber ayudado a su padre, ingeniero civil y geómetra, y con experiencia en numerosos yacimientos británicos, entre ellos el famoso conjunto megalítico de Stonehenge, Petrie se encargó de realizar la primera triangulación geodésica de las tres pirámides, único modo de conocer sus dimensiones exactas, ya que

"Durante la primera estación, el trabajo consistió [...] en una triangulación muy precisa sobre toda la colina de Guiza; comprendía puntos alrededor de las tres pirámides, así como de los templos y los muros que formaban parte. Para hacerlo, utilizamos un teodolito [...] con el que era posible leer los ángulos en segundos; y las operaciones se repetían tantas veces que estaba muy satisfecho cuando lograba el trabajo de una sola posición en una jornada. [...] Estos puntos no eran más que marcas arbitrarias [...] y fue un trabajo enorme relacionarlos con las huellas de las antiguas construcciones muy próximas.**"**

W. M. F. Petrie,
*Ten Years' Digging
in Egypt*, 1892

en esa época era imposible el levantamiento topográfico, pues ninguna cara estaba ya desenterrada hasta la base. Alojándose en una tumba rupestre y ayudado por Alí Gabri, un egipcio que conocía el lugar mejor que nadie por haber trabajado desde niño con Vyse y después con Piazzi Smyth, logró su objetivo después de dos largas campañas de seis meses, entre diciembre de 1880 y abril de 1882. En 1883 aparece *The Pyramids and Temples of Gizeh*, primera publicación de una bibliografía que, entre libros y artículos, alcanzará más de un millar de títulos.

Además de las medidas tomadas con tres teodolitos diferentes, un goniómetro y un sextante, se encuentra el resultado de las operaciones a las que se dedicó y las diversas observaciones que tuvo ocasión de hacer, en especial en la Gran Pirámide. Por ejemplo, una vez desescombrado el corredor descendente, se pregunta cómo se cerraban las pirámides y sobre lo que podía ser la «piedra basculante» mencionada por Estrabón. Por otra parte, tras haber tomado medidas muy precisas, más aún que en cualquier otro sitio, en la cámara del rey, se da cuenta de que todas las vigas de granito del techo están agrietadas y llega a la conclusión de que el hundimiento del conjunto no es más que «una simple cuestión de tiempo y de seísmos».

La Esfinge, de la que con frecuencia los primeros viajeros europeos no veían más que la cabeza que sobresalía de la arena, ha sido desenterrada diversas veces a lo largo del tiempo. Aquí se la ve hacia 1870, antes del último desenterramiento del siglo XIX.

Una inmensa necrópolis repartida

Como director del Servicio de Antigüedades, Mariette había sido el único en excavar el yacimiento de las

Grandes Pirámides durante más de veinte años. Tras su desaparición, en 1881, su sucesor, Gaston Maspero, quien valoraba especialmente el trabajo realizado en Guiza por Petrie, le dio la autorización casi exclusiva para excavar el yacimiento. Entre 1887 y 1891, Petrie abandona Guiza por otras pirámides y se traslada, sucesivamente, a Illahun, Hawara y Meidum.

A partir de ese momento, Maspero, que hizo continuar el desenterramiento de la Esfinge en 1886, desea que las diversas zonas del yacimiento sean excavadas al mismo tiempo por varias misiones extranjeras, que se entenderían entre ellas para delimitar sus concesiones. Esto se llevó a cabo en 1902, en una reunión a la que asistieron el alemán Ludwig Borchardt, en nombre de Georg Steindorff, el italiano Ernesto Schiaparelli y el estadounidense George Reisner. Al primero, profesor en Leipzig, le tocó en suerte el sector de la pirámide de Kefrén y una parte del cementerio situado al norte de la misma; al segundo, director del Museo de las Antigüedades Egipcias de Turín, otra parte del mismo cementerio, conocida como la «necrópolis del oeste» con relación a la Gran Pirámide; al tercero, que era director de la expedición egipcia Hearst de la Universidad de California, y después de la expedición conjunta de la Universidad de Harvard y el Museo de Bellas Artes de Boston, todo el complejo funerario de Micerino, así como las franjas norte y sur de la necrópolis del oeste, más la situada al este de la pirámide de Keops.

Siempre entre las patas delanteras de la colosal estatua de la Esfinge (página anterior), la estela del Sueño recuerda que, habiéndose quedado dormido en el curso de una cacería, el futuro Tutmosis IV había visto en sueños a la Esfinge y que ésta le había prometido que le «daría la realeza» si la sacaba de la «arena del desierto», que «le pertenecía» a él. El primer desenterramiento documentado tuvo pues lugar con la Dinastía XVIII, hacia 1400 a. C., ya que la estela está fechada en el primer año del reinado de Tutmosis IV. Otros más han seguido a éste, entre ellos el realizado bajo la égida de Maspero (izquierda). La arena volvía siempre a la carga, hasta, posiblemente, recubrir por completo la inmensa efigie, lo que se puede inferir del hecho de que algunos autores clásicos parecen no haberla visto. Desenterrada total y definitivamente en 1926, la Esfinge ha sido objeto desde entonces de diversas restauraciones, en las cuales se han reemplazado las partes erosionadas con bloques de piedra caliza que dan la impresión, sobre todo en los cuartos traseros, de que la estatua no ha sido esculpida, sino construida a piezas.

El azar a veces hace bien las cosas

Los miembros de todas estas misiones hicieron descubrimientos tan numerosos como notables, pero, sin que ello disminuya en absoluto sus cualidades de excavador infatigable, George Reisner tuvo más fortuna que los demás, en el sentido estricto del término, y en dos ocasiones: fue el sorteo el que le atribuyó la concesión de la pirámide de Micerino y fue también una casualidad la que llevó a su equipo a encontrar la tumba de la reina Heteferes, la madre de Keops.

En el templo alto de la pirámide de Micerino se encontraron fragmentos de un coloso real (*izquierda*) que, restaurado (*inferior*), se conserva en el Museo de Bellas Artes de Boston.

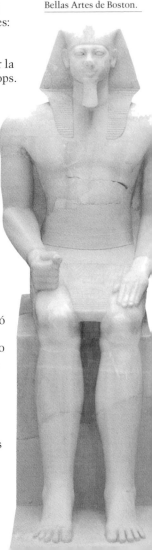

La más pequeña de las tres pirámides –su volumen es menor que la décima parte del de la de Keops– era bien conocida desde los trabajos de Vyse y de Perring. Reisner se dedicó a los elementos del complejo piramidal, que se mostró proporcionalmente más desarrollado que los de Keops y Kefrén. Desde 1906 a 1924, con las interrupciones debidas a los trabajos realizados de forma paralela en Nubia y Sudán, descubrió el «templo alto» junto a la cara este de la pirámide, la calzada que unía este último con el «templo del valle» (hoy inaccesible), las capillas de tres pirámides de reinas y, por último, el sector de mastabas pertenecientes a los sacerdotes funerarios del culto real.

La excavación del templo alto, construido con bloques de piedra caliza local que pueden

pesar más de 200 toneladas, mostró que el conjunto dedicado al culto, inacabado a la muerte de Micerino, había sido terminado con ladrillos por su sucesor Shepseskaf. Junto a un material arqueológico variado, que atestigua la reutilización de los lugares y que incluye tanto hojas de sílex como amuletos y monedas griegas, descubrió los restos de una estatua de calcita de tamaño mayor al natural: representa el rey sedente y debía alzarse en medio del templo.

La excavación del templo bajo reservaba sorpresas de otro tipo, comparables a las que tuvo Mariette cuando acometió los trabajos del templo de granito: el descubrimiento de estatuas intactas que están entre las obras maestras de la escultura egipcia. Junto a fragmentos no despreciables de una abundante estatuaria, Reisner encontró una efigie magnífica de la pareja real y no menos de cuatro tríadas que representaban, todas ellas, al rey acompañado de la diosa Hator y de un nomo (diosa provincial).

La aparición de las tríadas intactas de Micerino, en 1908, durante la excavación de Reisner del templo bajo de su pirámide, constituye uno de los momentos más bellos de la arqueología egipcia. Los restos de otros grupos semejantes que representaban al rey junto a Hator y a una divinidad hacen pensar que había tantas estatuas como divisiones administrativas (treinta, por lo menos, en aquella época). Todas, excepto las citadas, han desaparecido.

En cuanto a la tumba de Hetepheres, que ha sido objeto de varias hipótesis ya que el cuerpo de la reina no fue hallado, fue descubierta en 1925 de manera fortuita: una de las patas del trípode de un fotógrafo se hundió en el suelo y reveló la presencia de un pozo de más de 27 m de profundidad.

Una actividad sin fin

Hasta la década de 1950, se sucedieron en el yacimiento otras misiones que no estaban interesadas directamente en las tres pirámides, sino únicamente en las tumbas privadas alrededor o en las inmediaciones de la Esfinge: son, en especial, las del alemán Hermann Junker y las de los egipcios Selim Hassan y Abdel-Moneim Abu Bakr.

Junker, profesor de la Universidad de Viena, se ocupó de la parte media de la necrópolis del oeste: de 1912 a 1914, y después de la primera guerra mundial hasta 1929, excavó sistemáticamente un gran sector y dio cuenta de sus trabajos en doce preciosos volúmenes, aparecidos de 1929 a 1955. Selim Hassan, que fue el primer egipcio titular de la cátedra de Egiptología de la Universidad de El Cairo, concentró sus esfuerzos en el sector central, es decir,

El 17 de abril de 1927, el sarcófago de alabastro de la reina Hetepheres, izado por los obreros, emerge del pozo descubierto por casualidad dos años antes (*inferior*). Orientado hacia el nornordeste, se encuentra entre la más septentrional de las pirámides de las reinas, a la izquierda, y la mastaba de Kawab, el hijo amado de Keops, a la derecha. Detrás de la cabaña que alberga el pozo, y a todo lo ancho de la fotografía, se adivina, de un color algo más claro y en ligera pendiente, el trazado de la calzada que unía los templos alto y bajo de la Gran Pirámide, hoy desaparecidos.

el que está al sur de la Esfinge
y de la calzada de Kefrén: despejó
las mastabas que allí se encuentran,
así como la propia Esfinge y los
templos dedicados a su culto, con
lo que logró que la inmensa estatua
no vuelva a ser nunca más recubierta
por la arena. Después, en 1938-1939,
dedicó su última campaña a las
caras sur y este de la Gran Pirámide,
interesándose en especial por los restos
del templo alto. Por su parte,
Abdel-Moneim Abu Bakr, profesor de la
Universidad de Alejandría, excavó, de 1949
a 1953, las tumbas de las dinastías V y VI,
situadas al noroeste de la gran necrópolis
del oeste, muy cerca de una zona poco amplia
explorada por el estadounidense Clarence
Fisher en 1915.

A pesar de décadas de excavaciones y trabajos
diversos, el yacimiento de las Grandes Pirámides,
que está lejos de estar agotado, siguió siendo
el escenario de descubrimientos excepcionales.
Es el caso de las famosas «barcas de Keops».

El mal estado
de conservación del
rico mobiliario de
Hetepheres, a causa
de la casi completa
descomposición de
todos los elementos
de madera, exigió
a los excavadores
un trabajo tan largo
como delicado. En este
negativo, tomado en
1926, Noel Wheeler,
boca abajo sobre
un colchón, parece
preguntarse cómo
llevar a cabo su tarea.

La «tumba» de la reina Hetepheres plantea un enigma: de hecho, no se trata de una tumba sino de un recinto en el que se hacinó todo, o una parte, del mobiliario funerario de la reina, sin que se colocara su cuerpo en él. ¿Desapareció éste como consecuencia del pillaje de su verdadera sepultura, que debía encontrarse en Dahshur, ya que la soberana, como madre de Keops, era la esposa de Seneferu? En el fondo de un pozo de 27 m de profundidad, situado cerca de la calzada de Keops, una cámara (página anterior, *superior*) contenía el cofre canópico y el sarcófago de alabastro alrededor del que se había colocado un mobiliario placado de oro: los elementos de una especie de dosel, una caja destinada a contener las cortinas del mismo (página anterior, *inferior*), dos sillones, una cama, una silla de manos (página anterior, *centro*), un cofre (*superior*, fotografía de la excavación, con los brazaletes en primer plano, y debajo, los mismos tras su restauración), vajilla de oro y de alabastro, recipientes de cerámica... El conjunto constituye una de las mayores maravillas del Museo de Antigüedades Egipcias de El Cairo.

En 1954, la excavación de las proximidades de la Gran Pirámide llevó al descubrimiento de dos fosos herméticamente cerrados, de los que solamente se ha abierto uno. Con una longitud de 30 m y una profundidad de cinco, estaba cerrado con 41 losas puestas de canto (página anterior, *superior*). Las inscripciones, trazadas con tinta roja o negra en las superficies inferiores de las losas de cierre, indican que fue Dyedefra, el hijo de Keops, quien las colocó (página anterior, *inferior*). Dentro del foso, en perfecto estado de conservación, se encontró la barca, constituida por 1.224 piezas de cedro del Líbano, salvo algunas, que son de acacia. El tamaño de las piezas, clasificadas en el foso en trece capas superpuestas, va desde unos pocos centímetros a 23 m; estaban ensambladas con cuerdas de esparto. Una vez vuelta a montar (*superior* e *izquierda*), la barca, que dispone de dos remos de gobierno y cinco pares de remos de accionamiento, mide 43,40 m de eslora y 5,90 m de manga.

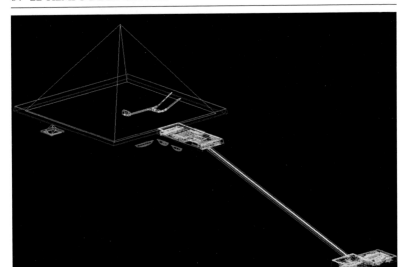

Una simple operación de limpieza de los escombros acumulados entre la cara sur de la Gran Pirámide y el conjunto de mastabas más tardías próximas a ella, hizo aparecer dos largos fosos, uno a continuación del otro y herméticamente cerrados, que contenían dos naves inmensas desmontadas. Solamente se abrió el foso oriental y se retiraron las grandes losas que lo cubrían. En la actualidad, a pesar de la discutible estética del museo que la alberga, todo el mundo puede contemplar la elegante barca de cedro que se encontraba en él, tras la magnífica restauración de Hagg Ahmed Youssef.

De un modo semejante, cuando se quiso suprimir la ruta asfaltada que discurría a la largo de la cara este de la Gran Pirámide, a fin de evitar que los autobuses de turistas dañaran los restos del pavimento de basalto del templo alto de Keops, Zahi Hawass, el actual secretario general del Consejo Superior de Antigüedades, sacó a la luz, en 1991, los restos de una pequeña pirámide satélite y de su piramidón, entre el ángulo sudeste de la Gran Pirámide y la más meridional de las pirámides de las reinas.

Un gran número de monumentos en Egipto están tan bien conservados que no requieren ningún esfuerzo para los que los visitan. Sin embargo, a veces, son necesarias pacientes restauraciones. Muchos egiptólogos no interpretarían correctamente la organización del complejo funerario de Dyeser, edificado en Saqqara, en la dinastía III, si J. P. Lauer no hubiera dedicado decenios a realizar la anastilosis de sus elementos principales. En nuestros días, los modelos en 3D permiten visualizar la disposición de un conjunto, como se puede ver en el caso de Kefrén (*superior*).

Un año antes, los trabajos de saneamiento llevados a cabo en Nazlet el-Samman, más abajo de la meseta, en una zanja abierta para colocar canalizaciones, se descubrió un muro de basalto de 56 m de longitud que, a la vista de la topografía del lugar, tenía que haber formado parte del templo bajo del complejo funerario de Keops; en 1993, en un terreno para edificar situado un poco más al este, hay una parte de un muro del puerto del mismo conjunto, que apareció al cavar los cimientos de casas de viviendas.

Después de más de un siglo de excavaciones, el descubrimiento fortuito de las barcas de Keops, en 1954, y el de los restos muy erosionados de su pirámide satélite en 1991 (sus dos primeras hiladas, *izquierda*), nos han hecho conscientes de que, sin hablar de las mastabas aún por excavar, son todavía posibles grandes descubrimientos, ya que no se ha excavado la totalidad de la meseta de Guiza hasta la base rocosa. Así, por ejemplo, en la pirámide de Micerino, en la que la mitad de la base yace bajo enormes restos de granito, cabe preguntarse si despejar estos restos podría conducir, también allí, al descubrimiento de fosos para barcas, ya que, hasta ahora, no se conoce ninguno al pie de esta pirámide.

Por último, las excavaciones que se han realizado desde el inicio de la década de 1990 nos han demostrado muy prosaicamente que, a pesar de todos los «misterios» que algunos pretenden fomentar, los monumentos míticos de Guiza son una obra humana. El Guiza Plateau Mapping Project, programa de cartografía dirigido por el estadounidense Mark Lehner, ha tenido como consecuencia el descubrimiento por parte de este último del sector en el que vivían los obreros y, por parte de Zahi Hawass, del cementerio en el que eran enterrados. Más allá del «muro del cuervo», que parece haber sido el límite sur de la necrópolis real propiamente dicha, las instalaciones descubiertas –panaderías, talleres, almacenes...– muestran facetas de la vida cotidiana de los que preparaban la eternidad de sus reyes, antes de que ellos mismos fueran inhumados en modestas tumbas de adobe.

"**P**or lo demás, es evidente que el terreno sobre el que se alzan las pirámides servía de cementerio a los antiguos egipcios, que las pirámides eran mausoleos y tumbas destinadas a la sepultura de los faraones, de los grandes de su corte o de quienes las hacían construir, pues, además de las tres grandes de las que tengo el propósito de hablar y que son las más famosas, se ve un buen número de otras pequeñas [...], sin hablar de ciertos sepulcros muy largos, de forma cuadrada, edificios de piedra muy cuidadosamente labrada [...].»

Anthoine Morison, *Voyage en Égypte*, 1697

CAPÍTULO 4

INMENSAS TUMBAS DOMINAN A LAS DEMÁS

A escalas muy diferentes, las pirámides y las mastabas (página anterior) no son más que superestructuras que albergan sepulturas. Si en las primeras, son los corredores los que conducen a ellas, son los pozos, que se ven muy bien en la infografía (*derecha*), los que dan acceso a las segundas.

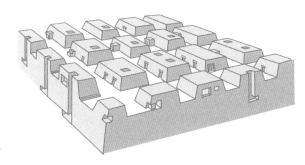

Cuando Mariette-Pacha, en su *Itinéraire des invités*,
destinado a las personalidades que habían llegado
a la inauguración del canal de Suez, escribía:
«Sería desvirtuar todo lo que sabemos sobre Egipto,
todo lo que nos ha enseñado la arqueología sobre las
costumbres monumentales de este país, al intentar
ver algo más que tumbas», no hacía mas que llamar
la atención sobre lo que, en el curso de los siglos
precedentes, había parecido evidente a aquellos
viajeros que, a semejanza de Anthoine Morison,
habían tenido la suficiente presencia de espíritu para
no dar fe a las interpretaciones más inverosímiles.
Pero si este docto canónigo lorenés había deducido

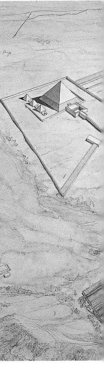

de lo que veía, y con razón, que los «sepulcros
muy largos» –las mastabas– eran tumbas de los
grandes dignatarios, no podía adivinar que había
construcciones de otro tipo escondidas bajo «la
arena que el viento ha amontonado por todas partes».

Un complejo funerario triple

Cada una de las tres Grandes Pirámides, cuyo
volumen eclipsa todo lo que las rodea, no es nada
más que la parte más visible de un conjunto
monumental más o menos extenso, en el que
se encuentran, llevadas a una escala digna de los
reyes, las dos partes principales de las mastabas:
la «residencia eterna» del difunto, o dicho de otra
manera, la tumba y su sepulcro, y la capilla donde
los vivos venían a mantener su culto con ofrendas.

La fotografía aérea
(*izquierda*), que
muestra la pirámide
de Micerino vista desde
el sudeste, evidencia
la importancia
relativa del tamaño
del templo alto con
relación al de la propia
pirámide. También
permite constatar
que los bloques
del revestimiento de
granito, que ya no están
en su lugar, constituyen
una masa sustancial
que esconde la parte
baja de las caras
de la pirámide
y sus inmediaciones.

En el excepcional yacimiento de Guiza, nos las tenemos que ver con tres complejos intermedios cuyos elementos, en diferentes estados de conservación, llaman la atención de distintas maneras. Aparte de la tumba real propiamente dicha –la pirámide sería la evolución final del montón de tierra y piedras que, en los inicios de la historia, recubría los cuerpos depositados en una simple fosa–, cada uno de ellos cuenta con un templo funerario o «templo alto», adosado a la cara oriental de la pirámide, y un templo de acogida, todavía denominado «templo bajo» o «templo del valle», situado, como este último nombre indica, más debajo de la meseta desértica, cerca de un «puerto» funerario, y unido al templo alto por una calzada en pendiente, de varios centenares de metros.

Esta reconstrucción del triple complejo funerario de Guiza (*superior*) es consecuencia de las excavaciones realizadas por el alemán Ludwig Borchardt, entre 1902 y 1908. Fueron precisamente las excavaciones de las pirámides de Sahura, de Neferirkara y de Nyuserra, faraones de la Dinastía V (h. 2450-2320 a. C.), las que permitieron comprender la organización de un complejo piramidal.

El conjunto de culto mejor conservado es el de Kefrén, pero la ausencia de decorados, tanto en el templo de granito como en el templo alto, no nos permite saber con certeza qué ceremonias tenían lugar; se supuso que el rey era momificado en el templo bajo y que los ritos se celebraban en el templo alto antes de los funerales propiamente dichos, pero parece que el primero servía más bien de marco a los ritos de purificación y que el segundo fuera, sobre todo, el lugar donde se perpetuara el culto del rey difunto después de la inhumación. Más tarde, cuando los reyes del Imperio Nuevo separaron sus tumbas, cavadas en el valle de los Reyes, esta última función habría sido asumida por los «templos de millones de años» situados al borde del desierto.

En un espacio delimitado por modestas murallas, cada complejo piramidal cuenta también con las pirámides secundarias y los fosos de barcas. Entre las pequeñas pirámides cercanas a la del rey, cabe distinguir siempre entre las que son tumbas de sus esposas, y la todavía más pequeña y única que se califica como «satélite» o como «subsidiaria», cuya función simbólica no está aún explicada. En cuanto a los fosos de barcas, los hay de dos tipos: fosos naviformes, que no han contenido necesariamente barcas, y que, posiblemente,

Las pirámides de las reinas de Micerino (*superior*) están alineadas al sur de la tumba del rey, en tanto que las esposas de Keops están al este de la Gran Pirámide. Un bello sarcófago privado (*inferior*), con un decorado en «fachada de palacio», procedente de una de las mastabas del «cementerio del este» (la tapa está adornada con un relieve en forma de piel de pantera).

no fueran más que simulacros –se encuentran cinco en la proximidad de la pirámide de Keops–, y las fosas de estructura rectangular, en las que se depositaban, una vez desmontadas, embarcaciones que no habrían cabido enteras, como las descubiertas en 1954, una de ellas aún cerrada herméticamente.

Por último, y aunque en sentido estricto no formen parte del complejo piramidal, resulta evidentemente necesario mencionar las necrópolis

En esta vista tomada desde lo alto de la Gran Pirámide, la vista sigue la arista sudeste del monumento (*inferior*). A la izquierda se distinguen mastabas del cementerio del este, tres pirámides de las reinas y, después de la ruta alquitranada,

privadas que lindan con las pirámides y, en especial, con la de Keops; con ella y sus tres pirámides de las reinas, todas estas mastabas, algunas muy grandes, y cuya alineación regular forma, en ocasiones, verdaderas calles al pie de la gigantesca tumba, con la familia real al este y los altos dignatarios al oeste, ofrecen una imagen en piedra de una sociedad altamente jerarquizada dominada por la institución faraónica. Las tres pirámides de Guiza, que los egipcios designaban a menudo con los nombres de la titulatura de sus propietarios respectivos, marcan el apogeo de este tipo de sepultura real y se diferencian de todas las demás.

ya desaparecida, un foso de barca y el lugar donde se encontraron los restos de la pirámide satélite de Keops. A la derecha, el edificio oblongo que alberga la barca de cedro hallada en 1954 enmascara, en parte, las tumbas que los sabios de Bonaparte tomaron por pequeñas pirámides por encontrarse cubiertas de arena.

Las mastabas rica[s]
decoradas de la far[ilia]
real, agrupadas en [el]
cementerio del est[e]
son conocidas desd[e]
hace tiempo, así co[mo]
la del príncipe Kuf[u]
(*izquierda*) y la de
la reina Meresank[h]
(página anterior). S[in]
embargo, las misio[nes]
arqueológicas no
han excavado toda[vía]
la totalidad de las
tumbas privadas
del cementerio del [este],
es decir, la zo[na]
al oeste de la Gran
Pirámide y al norte
de la de Kefrén.
El Consejo Superior
de Antigüedades
sigue excavando la
parte más occidenta[l]
de la necrópolis
y ha hecho algunos
descubrimientos,
como la estatua
de Kay (*inferior*).

«El horizonte de Keops»

Mucho más que las otras dos, la tumba, así llamada, del segundo rey de la Dinastía IV, es un monumento único que merece todos los superlativos, porque todo en ella es excepcional, tanto su tamaño como su distribución interior; no es sorprendente que, a la vista de algunas cifras, la Gran Pirámide se haya convertido en algo mítico.

Con sus 230,34 m de lado de la base y su altura inicial de 146,60 m, que corresponden, en números redondos, a 440 y 280 codos de 0,5235 m, la pirámide de Keops cubre más de cinco hectáreas y tiene un

Aunque se le hayan atribuido dos o tres bustos más grandes, uno de ellos, el colosal de la Esfinge, se ha subrayado con frecuencia lo irónico de que la minúscula estatuilla de marfil descubierta por Petrie en Abidos sea la única efigie de Keops debidamente identificada (*extremo inferior*). Vista de la Gran Pirámide desde el noroeste (*inferior*).

volumen de 2.592.340 m³. Sus caras tienen una pendiente de 51° 50' 34", ya que fue edificada con una relación 14 a 11, que es la del triángulo rectángulo formado por la altura y la longitud de la mitad del lado de su base.

Aparte del enlosado de basalto del templo alto, descubierto por Jean-Philippe Lauer en 1949, y la huella de la calzada ascendente, de la que Heródoto describe el decorado, no queda casi nada de los elementos principales del complejo funerario de Keops. En efecto, algunos descubrimientos recientes, tan fortuitos como fugaces, ya que no se ha

conservado nada, han venido a decir que las ruinas del templo bajo y de su puerto duermen bajo las casas de la moderna ciudad de Nazlet el-Samman, construidas en la parte baja de la meseta. Esta ausencia de vestigios no tiene nada de sorprendente: bloques procedentes, con toda probabilidad, de la calzada de Keops fueron reutilizados en El Lisht, en la masa de la pirámide de Amenemhat I, prueba de que los elementos secundarios de la Gran Pirámide empezaron a servir de cantera a partir de la Dinastía XII.

Más aún que su carácter colosal, los «misterios» de su construcción o la perfección de la misma,

Con cerca de 48 m de longitud y 8,60 m de altura, la Gran Galería es una proeza arquitectónica que asombra tanto más cuando se la encuentra, alzándose a la desembocadura del estrecho corredor ascendente (*superior*). Mediante la prolongación de su pendiente, sus siete voladizos forman la más elegante de las naves.

es la estructura interna de la Gran Pirámide la que intriga y ha contribuido ampliamente a convertirla en un monumento mítico.

Efectivamente, no contienen uno sino tres apartamentos funerarios dispuestos en «pata de gallo». ¿Es esta organización el resultado de la realización de un plan único y definitivo, como sostiene Rainer Stadelmann, o es el fruto de tres proyectos consecutivos, como pensaba Ludwig Borchardt, opinión seguida por la mayoría de los egiptólogos? El hecho de que el inicio del corredor ascendente fuera abierto a más de una docena de metros en los lechos horizontales de albañilería, el estado inacabado de los conductos

Con sus tres cámaras funerarias, que ponen de manifiesto una evolución del plan inicial, la sepultura de Keops tiene una estructura interna infinitamente más compleja (sección, *inferior*) que la de cualquier otra pirámide. Se pueden distinguir los siguientes elementos:

1. Revestimiento (desaparecido)
2. Entrada
3. Corredor descendente (parte construida)
4. Unión de los corredores y bloques de cierre
5. Corredor descendente (parte perforada)

denominados «de ventilación» que parten de la cámara «de la reina» y la perforación de pozos de evacuación, no previstos originalmente, confirman que hubo, sin duda, cambios de planes en el curso de la construcción.

Hay numerosas cuestiones que todavía no tienen respuesta o que cuentan con varias. ¿Cuál era la función real de los conductos de ventilación, que no llegaban al exterior y que estaban obstruidos al nivel de la propia cámara? ¿Cuál es la de la Gran Galería, que es,

6. Cámara subterránea
7. Pozo
8. Corredor ascendente
9. Corredor horizontal
10. Cámara llamada «de la reina»
11. Conductos llamados «de ventilación»
12. Gran Galería
13. Cámara de las rejas (antecámara)
14. Cámara del rey
15. Cámaras de descarga
16. Perforación de Al-Mamún (acceso al corredor ascendente).

de todos modos, una sorprendente proeza arquitectónica? ¿Por qué está la cámara del rey muy desviada hacia el sur y cuál es la razón de las «cámaras de descarga» sobre ella que se creían únicas hasta el descubrimiento de unos espacios semejantes en la pirámide de Meidum? Por último, un problema que hace correr todavía ríos de tinta es el de saber cuándo y cómo pudo ser saqueada la Gran Pirámide, o simplemente abierta, ya que muchos datos son contradictorios. El hecho de que Estrabón hable de una «piedra basculante» detrás de la que se encuentra «una galería descendente a la tumba» no quiere decir que el resto de los corredores y las cámaras fueran ya conocidos en su época, ya que la parte baja del corredor ascendente está cerrada, todavía hoy, por tapones de granito y la única manera de acceder a la parte superior de la circulación interna habrían sido los pozos.

Por otro lado, el hecho de que los hombres de Al-Mamún comenzaran muy lógicamente su famosa perforación en el eje del monumento y al nivel de la sexta hilada, aunque la verdadera entrada está desplazada 7,20 m hacia el este y se encuentra diez hiladas más arriba, no se puede explicar de otro modo si no que ésta fuera totalmente invisible, es decir, vuelta a cerrar, muy cuidadosamente, después de la visita de Estrabón, si no se pone en duda el testimonio de este último.

Las posiciones de las dos «entradas» a la Gran Pirámide se pueden ver bien en la vista (*izquierda*): en el centro, la entrada original por la que se accede al corredor descendente hacia la cámara inacabada, cavada en la roca; más abajo, a la derecha, la perforada por Al-Mamún. En el ángulo inferior derecho está el único fragmento del revestimiento que está todavía en su lugar, en la primera hilada.

El negativo (*inferior*) está tomado en la intersección de la perforación de Al-Mamún y el corredor ascendente. A la derecha, algunos escalones modernos que permiten subir hacia la Gran Galería; a la izquierda, dos de los tres tapones de granito que impedían el acceso a las galerías superiores.

Si es éste el caso, ¿cuándo fue tomada esta iniciativa, que no puede ser de otro que de un soberano? ¿Y por quién? Podría haber sido Septimio Severo quien, según Dion Casio (*Historia romana*, LXXVI, 13), habría hecho cerrar en la tumba de Alejandro los libros sagrados encontrados en todos los templos egipcios. ¿Podría haber hecho lo mismo y mandar volver a cerrar la Gran Pirámide cuando la fue a visitar en el año 200? Esto no es, evidentemente, nada más que una hipótesis, pero podría ser uno de los orígenes de la leyenda de Surid, que considera que las pirámides sirven a la vez de «depósitos a las ciencias y de sepultura a los reyes».

Aunque el templo alto de Kefrén está en un estado bastante ruinoso, y que la calzada que lo unía al templo bajo esté reducida a sólo una huella en casi toda su longitud, es gracias al estado de conservación de este imponente templo (*inferior*, primer plano) que el de Kefrén sea el complejo funerario más legible.

«Kefrén es grande»

La tumba del segundo hijo de Keops era, al menos en lo concerniente a dimensiones, muy parecida a la de su padre; el hecho de que exista una diferencia sensible de nivel entre las bases de los dos monumentos, y de que conserve la parte superior de su revestimiento, hace que incluso hoy, dé la ilusión de ser más grande. En todo caso, tiene una pendiente más fuerte, de 53° 7′ 48″, que se debe, en este caso, a la relación 4 a 3 entre una altura de 143,5 m y la mitad de la base de 215,3 m de longitud; su volumen original era de 2.217.000 m³.

La pirámide de Kefrén se distingue de la de Keops por su revestimiento, cuya primera hilada, por lo menos, era de granito rojo de Asuán, pero sobre todo por la disposición y el emplazamiento del apartamento funerario, que, a pesar de su doble entrada, es infinitamente menos complejo y se encuentra, en lo esencial, excavado en la roca, bajo el nivel del suelo. Kefrén no tiene ni cámaras, ni corredores en su masa, como ya era el caso en Abu Rawash, en el monumento del predecesor y medio hermano de Kefrén, Dyedefra, y como será la regla habitual de ahí en adelante para todas las pirámides.

Fueron los exploradores alemanes de la misión de Ernst von Sieglin quieres descubrieron, entre 1909 y 1910, los restos del impresionante templo alto de Kefrén, y probaron, gracias a las restituciones de Uvo Hölscher, la calzada, en otro tiempo enlosada y cubierta, que lo unía en parte al templo, aún más imponente,

Como consecuencia de los graves problemas tectónicos que afectaron al núcleo de la pirámide de Keops y que estuvieron a punto de provocar el hundimiento de su sepulcro, los arquitectos de las sepulturas de sus sucesores nunca se volvieron a arriesgar a colocar ninguna cámara funeraria en la masa de la pirámide. La sepultura de Kefrén (*izquierda*), que no se cavó a tanta profundidad como la de Dyedefra, en Abu Rawash, se encuentra exactamente bajo la parte construida de la pirámide, con las losas colocadas a espiga del techo apoyadas directamente sobre el zócalo rocoso. Detalle de la estatua real de Kefrén (*inferior*).

que Mariette llamaba «templo de la Esfinge», y que, de golpe, se convirtió simplemente en el «templo bajo» del complejo funerario de Kefrén.

«Micerino es divino»

La sepultura de Micerino, más modesta, debe el estar incluida entre las Grandes Pirámides a su presencia al lado de las de Keops y Kefrén. Los constructores habían contado con una altura

Esta figura de Micerino (*izquierda*) conservada en Boston, procede del templo bajo. Esculpida en «alabastro egipcio» muy blanco, posee la originalidad de representar al rey sin ningún tocado particular, y su rango viene indicado únicamente por la barba y por el uraeus que se desprende de sus cortos cabellos.

de 125 codos por una base de 200 codos de lado: debía, pues, de medir «nada más» que 65,50 m de altura, por una base algo irregular de unos 105 m de lado, lo que le daría un volumen de un poco más de 240.000 m³, lo que es menos que la décima parte del de la Gran Pirámide, de la que tiene casi la misma pendiente,

Esta antecámara magníficamente decorada (*superior*) muestra el importante trabajo de los canteros.

ya que la relación empleada de 5 a 4 da un ángulo de 51° 20' 24".

Su revestimiento de granito rojo, que aún subsiste, le dio la originalidad a esta pirámide, que los autores árabes calificaban de «pintada» o de «colorada». Seguramente se había previsto que todo el revestimiento fuera de esta piedra, llevada de las lejanas canteras de Asuán, pero no se pudo llevar a término la tarea y el monumento fue terminado, posiblemente con cierta precipitación, por Shepsekaf, el hijo y sucesor de Micerino. El revestimiento se terminó, a más bajo costo, con bloques de piedra caliza a la que se aplicó, a trampantojo, una pintura a base de hematita, para que toda la pirámide tuviera el color rojo; esto ha sido probado por los análisis efectuados en 1993, por iniciativa de Gilles Dormion y Jean-Yves Verd'hurt, y bajo la dirección de Chawki Nakhla, con lo que se demostró que el nombre dado por los árabes estaba plenamente justificado. La capa de caliza ha desaparecido, y se puede ver cómo la enorme brecha vertical, abierta en el centro de cara norte por el hijo de Saladino, revela la estructura escalonada del núcleo del monumento. Por último, como si los constructores hubieran querido compensar el pequeño tamaño de la pirámide, hay que hacer notar la importancia relativa del templo alto con relación al volumen de aquélla, ya que está mucho más desarrollado que el de Keops.

La parte baja del revestimiento estaba constituida por dieciséis hiladas de granito rojo, salvo alrededor de la entrada (*superior* y *superior izquierda*). Al fondo de la misma se adivina el agujero negro de la perforación abierta por Vyse y Perring (*inferior*).

Lo desmesurado de las pirámides se vuelve a encontrar en la Esfinge, de las que es guardián. Con sus 72 m de longitud y sus 20 m de altura, la colosal estatua está a la misma escala que los monumentos que la rodean. Esculpida en la piedra caliza local, en la que la erosión eólica ha mostrado la alternancia de capas de diferentes durezas, es la representación más grande y más antigua de este ser híbrido al que los griegos dieron el nombre de *esfinge*, y que, combinando el cuerpo de león con la cabeza de hombre, es, sobre todo, una imagen del poder real. La impresionante efigie, a la que los árabes denominaron Abu el-Hol, «Padre del Terror», tiene también un carácter solar, tanto más firme cuando ha sido reinterpretada, a partir de la Dinastía XVIII, como la manifestación de Harmakhis, el Sol «en el horizonte». Aunque su cara, cuadrada y más ancha, no tiene ningún parecido con la de Kefrén, se identificó a la Esfinge con él, aunque otros criterios, como es la ausencia original de barba y el hecho de que se encuentre en la cantera explotada por Keops, invitan a ver en ella una representación de este último.

«Innumerables personas se [imaginan] muy seriamente que la pirámide de Keops esconde verdades muy profundas. Y como la pirámide de Keops no tiene ningún tipo de inscripciones susceptible de contener estas enseñanzas, la opinión de esos espíritus exaltados es que las debe expresar de otra manera, y son las medidas de las diferentes partes de la pirámide las que nos las deben revelar.»

Adolphe Erman, *L'Égypte des pharaons*, 1952

CAPÍTULO 5

TESIS, HIPÓTESIS Y REALIDADES

Le Mystère de la Grande Pyramide, de Edgar P. Jacobs, es una obra de ficción que, en muchos aspectos, es más plausible que muchas de las obras que tratan de una cierta «piramidología»: ¡es más posible encontrar una cámara desconocida en la Gran Pirámide, como sugiere el célebre cómic, que probar la intervención de los atlantes en su construcción!

Adolf Erman, el gran egiptólogo alemán que, en la década de 1930, estigmatizaba a los «espíritus exaltados» y sus «tonterías» relativas a la Gran Pirámide, se sobrecogería al ver que continúan existiendo, a pesar de tres cuartos de siglo de investigaciones: el ritmo sostenido al que se suceden los artículos o las obras más estrafalarias –sin olvidar los pretendidos documentales científicos que ofrecen las cadenas de televisión, en especial estadounidenses– es amedrentador. Vería también que es siempre la Gran Pirámide, y sólo ella, la que centra la atención y suscita las teorías más sorprendentes.

Biblia de piedra, observatorio, lugar de iniciación, cronógrafo histórico...

Para los autores clásicos, las pirámides de Guiza no eran, evidentemente, más que tumbas, y su identificación con los «graneros de José» no implicaba ningún mensaje cifrado. Incluso las leyendas árabes que decían que los sacerdotes depositaban allí «los secretos de su ciencia y los preceptos de su sabiduría», las veían como sepulturas reales. A pesar de todo, la pirámide de Keops es, para algunos, cualquier cosa menos una tumba real: a mediados del siglo XIX nacen en Europa todo tipo de teorías que combinan, en mayor o menor medida, la mística y la pseudociencia.

Publicada en 1859, la obra de John Taylor, *The Great Pyramid: Why Was It Built? and Who Built It?* fue la primera en exponer teorías «bíblicas» según las cuales la humanidad de aquella época no poseía los conocimientos, matemáticos o de otro tipo, en los que basarse para la construcción de las pirámides; por ello, los que edificaron esos

Esta curiosa vista imaginaria (*superior*), parece estar inspirada en las teorías del inglés Richard Proctor, quien pretendía que la pirámide de Keops había sido construida originalmente para servir de observatorio. Representa, vista de abajo a arriba, una sección de la Gran Galería que, al no estar totalmente cerrada, permitía la visualización de las estrellas del cielo meridional, que observan dos sacerdotes astrónomos.

monumentos no podían haber sido inspirados nada más que por Dios, y, en consecuencia, pertenecer a la raza elegida. El astrónomo Charles Piazzi Smyth se había mostrado partidario de buena parte de las ideas de Taylor: contribuyó ampliamente a su difusión al intentar demostrar, entre otras cosas, que los egipcios conocían el valor del número π y que habían utilizado una «pulgada piramidal» correspondiente a la quinientosmillonésima parte del diámetro de la Tierra.

Por su parte y, en cierto modo, para refutar esta teoría, otro astrónomo, Richard Proctor, publicó, en 1883, una obra titulada *The Great Pyramid*, en la que, tomando de nuevo una idea de Jomard, explicaba que el monumento no había sido durante mucho tiempo nada más que un observatorio: habría sido edificado en un primer momento hasta la quincuagésima hilada, al nivel de la cámara del rey, donde la pendiente del corredor descendente y la de la Gran Galería servirían para visualizar las estrellas Alfa Draconis y Alfa Centauri respectivamente, hasta que Keops completó la construcción para hacer de ella su sepultura.

En esta tarjeta postal de inicios del siglo XX, la sección de la Gran Pirámide contra un cielo rayado parece que se haya hecho para resaltar la orientación perfecta de las caras del monumento con los cuatro puntos cardinales. En efecto, el artista anónimo que la realizó subraya que el corredor descendente estaba dirigido a Alfa Draconis, es decir, teniendo en cuenta la precesión de los equinoccios, hacia la estrella más próxima al norte real al inicio del tercer milenio a. C., para permitir al rey difunto reunirse con las estrellas circumpolares que, al no desaparecer jamás bajo el horizonte, eran sinónimo de la eternidad.

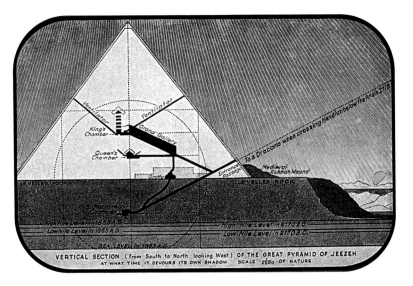

En el siglo XX, tomó el relevo Davis Davidson quien, con *The Great Pyramid, Its Divine Message, an original Co-ordination of Historical Documents and Archælogical Evidences*, publicado en 1924, se hizo el campeón de las teorías bíblicas. El título completo de esta gruesa obra, impresionante por otra parte por el número de sus tablas y datos numéricos, es claro: para el autor, la Gran Pirámide esconde fechas proféticas que es preciso saber desvelar tras estas medidas exactas. Otros «espíritus exaltados» contemporáneos de Erman, Spencer Lewis, autor de *The Symbolic Prophecy of the Great Pyramid*, publicada en 1936 en las ediciones rosacruzanas de San José (California) y, sobre todo, Georges Barbarin, cuya *Le Secret de la Grande Pyramide ou la Fin du monde adamique*, aparecida el mismo año y reeditada varias veces, toma de nuevo las teorías de Davidson. ¡No se puede hacer más que sonreír al leer que la Gran Pirámide es el «primer astrónomo y geómetra del mundo», que «lleva en ella la marca de un saber sobrehumano», o viendo las fechas precisas que, según Barbarin, estaban «anotadas en la piedra»!

También se puede mencionar a Helena P. Blavatsky y su *Isis sin velo*, que, a finales del siglo XIX pretendía que el interior del monumento era «un templo majestuoso» en el que se iniciaba a la familia real, y, el sarcófago de Keops, la «fuente bautismal». Ya más actual, citemos aún a Adam Rutherford y su *Pyramidology* (cuatro volúmenes publicados entre 1957 y 1972), para quien la Biblia dice con palabras lo que la Gran Pirámide expresa en la piedra. Por último, André Pochan explica, en *L'Énigme de la Grande Pyramide* (1971), que, aunque la pirámide de Keops es una tumba, es también un lugar de iniciación isíaca.

Para Barbarin, el transcurso del tiempo se materializa en la sucesión de los corredores que llevan a la cámara del rey: en esta sección (página siguiente, *superior*), las confluencias de los corredores o los cambios de pendiente corresponden a fechas importantes, como la del Éxodo y la del nacimiento de Cristo.

ISOMETRIC PROJECTION SHOWING ENTRANCE DOORWAY of HORIZONTAL PASSAGE to QUEEN'S CHAMBER

Con casi 600 páginas con decenas de tablas y de desplegables, de cifras y de fechas, el libro que Davidson dedicó a la Gran Pirámide tiene el aspecto de un trabajo de lo más serio, pero no es más que pseudociencia (*superior*).

Las cuestiones que todavía no tienen respuesta

Como los egipcios no nos dejaron ninguna información del modo en que habían sido construidas las pirámides, no queda otro remedio que formular hipótesis, aunque las explicaciones posibles son bastante limitadas. Partiendo cada uno de una idea particular, en los últimos diez años han sido presentados al Instituto Francés de Arqueología Oriental de El Cairo casi otros tantos expedientes que ofrecen la «solución definitiva». Solamente una cosa es cierta: las pirámides están ahí, aplastantes, y fueron edificadas por hombres que, de un modo u otro, consiguieron realizar esos prodigiosos amontonamientos de bloques, algunos de los cuales, situados en el núcleo del monumento a una altura de varias decenas de metros, alcanzan un peso de sesenta toneladas.

Como consecuencia de los testimonios de Heródoto y de Diodoro de Sicilia, los «piramidólogos» se dividen básicamente en dos facciones: unos que piensan que tales trabajos se realizaron mediante máquinas de carga –cabrias, dispositivos como cigoñales o «elevadores oscilantes»–, y otros que están convencidos de que fue necesario el uso de rampas, aunque ambos sistemas no son incompatibles. En realidad,

Entre los misterios que encierra la Gran Pirámide, la cámara del rey ocupa un lugar privilegiado: en el siglo XIX, la teósofa Helena P. Blavatsky hizo de la cuba de granito (*inferior*) una pila bautismal. Tanto si fue utilizada como si no, esta cuba estuvo siempre destinada a albergar el cuerpo de Keops.

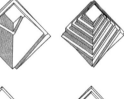

Fig. 13. Pierres de revêtement.

La colocación de los revestimientos ha dado lugar a diversas hipótesis. En la década de 1950, H. Strub-Roessler imaginó un sistema de la cúspide a la base, con la ayuda de cabrias (*izquierda*). Esta teoría, que presupone la existencia de bloques biselados (A), es falsa: la observación de los bloques aún en su lugar en la cúspide de Kefrén (B) muestra que éstos, colocados de abajo hacia arriba, fueron después revocados de arriba hacia abajo.

en la propia Guiza y en otros yacimientos como Meidum, Abu Gurab o El Lisht, se han encontrado vestigios de rampas –prueba de su existencia–, y, de hecho, es difícil imaginar cómo podría haber sido de otro modo. Las únicas dudas están en la forma que podrían haber tenido, según estuvieran destinadas a llevar los bloques desde las canteras próximas o desde los puertos donde se descargaban las piedras procedentes de lugares lejanos, como el granito de Asuán o la caliza de Tura, o a conformar, poco a poco, las hiladas de la propia pirámide. Junto a diversos tipos de rampas frontales, envolventes o mixtas, la última hipótesis en el tiempo, propuesta por Jean-Pierre y Henri Houdin, es la de una rampa «interior» en espiral, que partiría del nivel de la sexta hilada.

Otras ideas, que tienen poco en cuenta la realidad, pueden llegar a sorprender: así, Manuel Mínguez, técnico de ingeniería civil pero poco conocedor de la topografía de Guiza, ha imaginado una serie de exclusas; Joseph Davidovits y Joël Bertho, a pesar de su deseo de explicar cómo algunos bloques están sorprendentemente ajustados, consideran que la pirámide de Keops está hecha de bloques de piedra «reconstruida». Casi no vale la pena mencionar las elucubraciones del médium

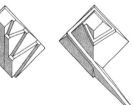

estadounidense Edgar Cayce, quien, por desgracia, cuenta con numerosos adeptos, y que, entre 1901 y 1944, explicaba en algunas de los centenares de «lecturas» que ha dejado, que la Gran Pirámide había sido construida en... 10500 a. C., por los supervivientes de la Atlántida, ¡que no necesitaban ni rampas ni máquinas, ya que tenían el poder de hacer «flotar» los bloques de piedra y desplazarlos a su voluntad!

La Gran Pirámide frente a las técnicas modernas

Desde finales de la década de 1980, numerosas misiones han tenido acceso a diversas técnicas para sondear o explorar algunas partes de la Gran Pirámide, o para intentar verificar algunas hipótesis.

En 1986, algunas mediciones geofísicas realizadas por la EDF en el marco de una misión obtenida por los arquitectos Gilles Dormion y Jean-Patrice Goidin detectaron una «ausencia de masa» detrás del muro oeste del corredor horizontal que conduce a la cámara de la reina: tres agujeros en la base de esta pared, que tiene la particularidad de que los bloques entre una hilada y la siguiente no están

El sistema de rampa frontal propuesto por Jean-Philippe Lauer (página anterior, *centro*) supone un volumen de materiales comparable al de la pirámide en construcción. Se han imaginado otras soluciones (página anterior, *inferior*), entre ellas una de rampa interior (modelo en 3D de Jean-Pierre Houdin, *inferior*). Con independencia de su forma, las rampas previstas debían tener una pendiente muy baja para permitir el arrastre de los bloques de piedra, algunos de más de 50 toneladas. La solución más probable parece ser la de una rampa lateral que se convirtiera en envolvente.

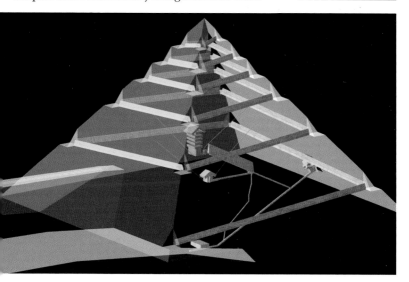

desfasados, han revelado la presencia de arena fina, descubrimiento que no es tan banal como se quiso hacer creer en la época. Al año siguiente, una misión japonesa de la Universidad Waseda, dirigida por Sakuji Yoshimura, rehizo las mediciones con más precisión y confirmó las anomalías mencionadas, mientras que, por su parte, la EDF emprendió un estudio microgravimétrico de la pirámide, el cual puso en evidencia alternancias de densidad «conformes a las que produciría la presencia de una estructura en escalones».

Entre 1990 y 1995, Jean Kerisel intentó verificar lo indicado por Heródoto en el sentido de que Keops habría hecho cavar cámaras subterráneas para colocar su tumba en una isla, haciendo llegar el agua del río mediante un canal. Pudo trabajar en la cámara del rey y después en la cámara subterránea, en la que fue autorizado para utilizar un radar e incluso a hacer una perforación en el suelo, sin que pudiera encontrar nada que diera la razón al historiador griego.

En 1992, bajo la égida del Instituto Arqueológico Alemán de El Cairo, Rudolf Gantenbrik exploró los «conductos de ventilación» de la cámara del rey con una cámara montada sobre un pequeño robot de su invención que denominó *Upuaut*, en honor al dios abridor de caminos del Antiguo Egipto. El año siguiente repitió el experimento con el *Upuaut II* en el conducto sur de la cámara de la reina: a una distancia de 65 m de una pendiente de 38° 28' está obturado por una piedra, ostentosamente denominada «puerta», sobre la que está fijados dos «corchetes» de cobre. En 2002, Zahi Hawass volvió a realizar el mismo experimento con un nuevo

La degradación de la pirámide de Keops, que se limita a la desaparición de su revestimiento, no permite observar su estructura interna como se puede hacer en la de Micerino. En 1987, las mediciones gravimétricas han permitido determinar la densidad de la Gran Pirámide y sus variaciones: los resultados (*inferior*) parecen revelar más bien escalones concéntricos que una posible estructura en «espiral».

DENSIDADES

▬	> 2,30
▦	de 2,05 a 2,30
▨	de 1,95 a 2,05
▒	de 1,85 a 1,95
▤	≤ 1,85

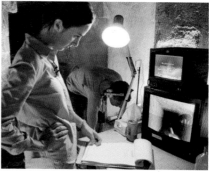

robot, denominado *Pyramid Rover*, explorando los dos conductos de la cámara de la reina: un agujero taladrado en el bloque de caliza que cerraba el conducto sur permitió hacer pasar una fibra óptica. En contra de lo esperado por los medios, no había ninguna «cámara secreta», sino, simplemente, una pequeña cavidad y... otro bloque.

Una hipótesis que no es una más

Entre los procedimientos en los que aparatos sofisticados han desempeñado un papel importante, destaca el expuesto por Gilles Dormion en su libro *La Chambre de Chéops.*

Poseedor de un conocimiento íntimo del monumento por haber hecho el levantamiento arquitectónico más preciso entre los existentes, fue inducido a suponer, con Jean-Yves Verd'hurt, que la cámara del rey, destinada, desde luego, a albergar su cuerpo para la eternidad, posiblemente no había sido utilizada. Lejos de fantasear sobre hipotéticos tesoros ocultos, se contentaron con hacer un cierto número de observaciones al alcance de cada uno y sacaron las consecuencias pertinentes. En efecto, es fácil constatar que un grave problema tectónico afectó a esta parte de la pirámide a continuación de la habilitación de las cinco «cámaras de descarga»: como consecuencia de la acumulación de 2.500 t de granito que las forman, un asentamiento del sillar bajo el muro sur del recinto tuvo como consecuencia roturas en las nueve vigas del techo de la cámara del

La introducción en 2002 del *Pyramid Rover* con cámara en los «conductos de ventilación» de la cámara de la reina debía permitir la medición de su longitud y averiguar si podrían conducir a piezas desconocidas. Sin embargo, esto era poco plausible, ya que éstas estarían a una decena de metros de las caras exteriores. Descubiertos en 1872 por el ingeniero Waynman Dixon, estos conductos de ventilación, estrechas galerías de unos veinte centímetros de anchura que no se encuentran en ninguna otra pirámide, tienen, seguramente, una función más técnica que simbólica: tallados como canales abiertos en un lado de un bloque, y cerrados con opérculos amovibles, podrían haber servido para asegurar que no se producía ningún cizallamiento entre las hiladas.

rey que presentan, todas ellas,
grietas abiertas en la cara
inferior en este lado y huellas
de apuntalamiento tanto
en el norte como en
el sur. El hecho
de que fueran
apuntaladas
en los dos lados
indica que los que
temían su hundimiento sabían que
también estaban fisuradas en la parte
norte, y prueba que habrían subido
a la primera cámara de descarga para
verificar su estado. A excepción de los
constructores de la pirámide, ¿quién
podía saber que existía un espacio

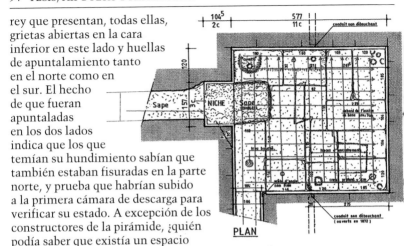

PLAN

vacío sobre el sepulcro real? ¿Quién, mejor que ellos,
podía conocer su nivel exacto y la manera de llegar
a él, cavando hacia el este y después hacia el sur,
la estrecha galería cuyo acceso había descubierto
Davidson, en 1765, en la hilada superior de la
Gran Galería?

Si se parte de esta constatación, surge de manera
natural la idea de que se pudiera reutilizar un recinto
funerario tapiado anteriormente como consecuencia
de un cambio de planes, para evitar sepultar a
Keops en una cámara susceptible de derrumbarse
en cualquier momento. Lo que parece evidente
es que el accidente inquietó tanto a los arquitectos
de la época que, en el reinado siguiente, no se
colocó ninguna cámara en la superestructura
de una pirámide. Dado que la cámara subterránea
permaneció inacabada, una mirada rápida a la
sección de la pirámide convence de inmediato
de que la única posibilidad se encuentra cerca de
la cámara de la reina, que podría no ser más que una
especie de antecámara. Y como ésta presenta una serie
de particularidades que no han sido bien interpretadas
la mayor parte del tiempo –en particular, el nicho
en voladizos del muro este que no sería, como se
había considerado, un nicho para una estatua–,
se hacía necesario realizar mediciones geofísicas

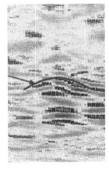

Todos los perfiles
de radar norte-sur
realizados en el
suelo de la cámara
de la reina muestran
un mismo eco que
indicaría la presencia
de una estructura de
aproximadamente
un metro de ancho,
orientada en sentido
este-oeste, y cuyo techo
se encontraría a unos
3,5 m más abajo.

para verificar esta hipótesis. Conseguida la autorización para utilizar un georradar, Jean-Pierre Baron, geofísico de la SAFEGE, fue a realizar las mediciones pertinentes durante el otoño del año 2000, en una colaboración desinteresada.

El análisis de los resultados de las mediciones es muy prometedor: parece que hay un corredor de dos codos de ancho bajo la cámara de la reina, y que éste, que viene del este, conduce a algún lugar en el núcleo de la pirámide, al punto exacto de intersección de los ejes este-oeste y norte-sur. La utilización de una fibra óptica, como la que hizo posible determinar la existencia de las «cámaras de descarga» de la pirámide de Meidum, sería suficiente para verificar su existencia. Y la de una posible cámara desconocida.

Añadamos, para terminar, y dejando una puerta abierta a los sueños, que las mediciones microgravimétricas y del georradar realizadas en el otoño del año 2000 en la pirámide de Kefrén, han mostrado también un déficit de masa debido, probablemente, a la presencia de una «cavidad significativa importante», y una anomalía puntual, que podría corresponder al acceso a ella...

Parece ser que las pirámides de Guiza no han dicho su última palabra todavía, y el mito que a ellas se asocia, de una forma más acentuada a la de Keops, está muy lejos de extinguirse.

Las particularidades que presenta dan una importancia primordial al nicho de la pared este de la cámara de la reina (*inferior*). Su desplazamiento respecto al eje de la pieza, sus voladizos, inútiles si se tratara de un nicho para una estatua, y el hecho de que la zapa de los ladrones, abierta en la segunda hilada, empieza en una estrecha galería construida, invitan a ver en él un elemento arquitectónico esencial.

TESTIMONIOS
Y DOCUMENTOS

Las Grandes Pirámides vistas por los antiguos

Los primeros artículos conocidos sobre las pirámides de Guiza son de autores griegos y latinos. Desde el siglo V a. C., Heródoto explica, con mucho detalle, cómo fueron construidas las pirámides. A continuación, Diodoro de Sicilia se admira ante la calidad de su arquitectura, Estrabón recuerda la «piedra basculante» que abre la Gran Pirámide, mientras Plinio el Viejo juzga severamente esta «ostentación de la riqueza de los reyes».

«Máquinas» para construir la Gran Pirámide

Hasta el reinado de Rampsinito, según los sacerdotes, vióse florecer en Egipto la justicia, permaneciendo las leyes en su vigor y viviendo la nación en el seno de la abundancia y prosperidad; pero Quéope, que le sucedió en el trono, echó a perder un estado tan floreciente. Primeramente, cerrando los templos, prohibió a los egipcios sus acostumbrados sacrificios; ordenó después que todos trabajasen por cuenta del público, llevando unos hasta el Nilo la piedra cortada en el monte de Arabia, y encargándose otros de pasarla en sus barcas por el río y de traspasarla al otro monte que llaman de Libia. En esta fatiga ocupaba de continuo hasta 3.000 hombres, a los cuales de tres en tres meses iba relevando, y sólo en construir el camino para conducir dicha piedra de sillería, hizo penar y afanar a su pueblo durante diez años enteros; lo que no debe extrañarse, pues este camino, si no me engaño, es obra poco o nada inferior a la pirámide misma [...], y construido de piedra, no sólo labrada, sino esculpida además con figuras de varios animales. Y en los diez años de fatiga empleados en la construcción del camino, no se incluye el tiempo invertido en preparar el terreno del collado donde las pirámides debían levantarse, y en fabricar un edificio subterráneo que sirviese para sepulcro real [...]. En cuanto a la pirámide, se gastaron en su construcción 20 años: es una fábrica cuadrada de ocho pletros de largo en cada uno de sus lados, y otros tantos de altura, de piedra labrada y ajustada perfectamente, y construida de piezas tan grandes que ninguna baja de 30 pies.

La pirámide fue edificándose de modo que en ella quedasen unas gradas o poyos que algunos llaman «escalas» y otros «altares». Hecha así desde el principio la parte inferior, iban levantándose y subiendo las piedras, ya labradas, con cierta máquina formada de maderos cortos que, alzándolas desde el suelo, las ponía en el primer orden de gradas, desde el cual con otra máquina que en él tenían prevenida las subían al segundo orden, donde las cargaban sobre otra máquina semejante, prosiguiendo así en subirlas, pues parece que cuantos eran los órdenes de gradas, tantas eran en número las máquinas, o quizá no siendo más que una fácilmente transportable, la irían mudando de grada en grada, cada vez que la descargasen de la piedra; que bueno es dar de todo diversas explicaciones. Así es que la fachada empezó a pulirse por arriba, bajando después consecutivamente, de modo que la parte inferior, que estribaba en el mismo suelo, fue la postrera en recibir la última mano. [...] Muerto Quéope después de un reinado de cincuenta años, según referían, dejó por sucesor de la corona a su hermano Quefren, semejante a él en su conducta y gobierno. Una de las cosas en que pretendió imitar al difunto, fue en querer levantar una pirámide, como en efecto la levantó, pero no tal que llegase en su magnitud a la de su hermano, de lo que yo mismo me cercioré habiéndolas medido entrambas. Carece aquella de edificios subterráneos, ni llega a ella el canal derivado del Nilo que alcanza a la de Quéope, y corriendo por un acueducto allí construido, forma y baña una isla, dentro de la cual dicen que yace este rey. Quefren fabricó la parte inferior de su columna de mármol etiópico vareteado, si bien la dejó cuarenta pies más baja que la pirámide mayor de su hermano, vecina a la cual quiso que la suya se erigiera, hallándose ambas en un mismo cerro, que tendrá unos cien pies de elevación. Quefren reinó cincuenta y seis años.

[...] A Quefren refieren que sucedió en el trono un hijo de Quéope, por nombre Micerino, quien, desaprobando la conducta de su padre, mandó abrir los templos, y que el pueblo, en extremo trabajado, dejadas las obras públicas, se retirara a cuidar de las de su casa, y tomara descanso y refección en las fiestas y sacrificios. Entre todos los reyes, dicen que Micerino fue el que con mayor equidad sentenció las causas de sus vasallos [...]. No dejó, sin embargo, Micerino de levantar su pirámide, menor que la de su padre, de más de 20 pies. La fábrica es cuadrada, de mármol

etiópico hasta su mitad y de tres pletros en cada uno de sus lados.

Heródoto,
Los nueve libros de la historia (Libro II, Euterpe, CXXIV-CXXXIV)
http://es.wikisource.org
Traducción al castellano de P. Bartolomé Pou, S. J. (1727-1802)

«Estos monumentos superan, con mucho, a todos los de Egipto»

El octavo rey, Chemmis de Menfis, reinó cincuenta años y construyó la más grande de las tres pirámides, que se cuenta entre las siete maravillas del mundo. Estas pirámides están situadas a un lado de Libia, a una distancia de ciento veinte estadios de Menfis y cuarenta y cinco estadios del Nilo. Por sus dimensiones y la calidad de su arquitectura, llenan al espectador de estupor y admiración. En efecto; la más grande, de forma cuadrangular, tiene una base de siete pletros de lado y una altura de más de seis pletros. Sus lados convergen progresivamente hacia la cúspide, donde no miden más de seis codos. Esta hecha totalmente de piedra dura, muy difícil de trabajar, pero que dura eternamente. Pues, aunque se dice que ya han transcurrido más de mil años hasta nuestro tiempo, e incluso, según ciertos autores, más de tres mil cuatrocientos años, las piedras conservan íntegramente, hasta nuestros días, su disposición primitiva y su arreglo sin la menor alteración. Se dice que estas piedras fueron traídas de Arabia [...] y colocadas por medio de terrazas, ya que, en aquella época, todavía no se habían inventado las máquinas. Y lo más extraordinario es que [...] no subsiste ninguna huella ni de las terrazas ni del tallado de las piedras, de modo que esta construcción no parece debida a un largo trabajo de los humanos, sino haber sido colocadas en su lugar de una vez por alguna divinidad en medio de la arena que las rodea. Algunos egipcios intentan explicar estos hechos de una manera extraña, diciendo que las terrazas se habían hecho de sal y de nitro, y que el río, al llegar a ellas las había disuelto y hecho desaparecer totalmente sin intervención humana. Seguramente, esto no es verdad; en realidad, fueron los innumerables brazos que habían levantado las terrazas quienes deshicieron todo el trabajo para restaurar el estado original de los lugares. Y es que se dice que el número de hombres que se ocuparon en estas construcciones alcanzó los trescientos sesenta mil y que el conjunto de los trabajos se acabó en apenas veinte años.

Después de la muerte de este rey, le sucedió su hermano Kefrén, que reinó durante cincuenta y seis años. Algunos dicen que no era su hermano, sino su hijo el que heredó el poder, y que se llamaba Chabryis. Pero todos están de acuerdo en que este sucesor, fiel al ejemplo del rey precedente, hizo construir la segunda pirámide, parecida a aquella de la que acabamos de hablar [...]. Sin embargo, aunque estos reyes hicieran construir estas pirámides para servirles de sepultura, se encuentra que ninguno de los dos fue sepultado allí. En efecto; las gentes del pueblo, a causa de los sufrimientos padecidos por los trabajos y por los numerosos actos de crueldad y de violencia cometidos por estos reyes, estaban animadas por un sentimiento de cólera contra los responsables de sus miserias y amenazaron con arrancarlos a la fuerza de sus tumbas y despedazar sus cadáveres. Por eso, tanto el uno como el otro, a la hora de su muerte, ordenaron a sus allegados sepultar sus cuerpos en secreto en un lugar apartado.

Después de estos soberanos, Micerino, a quien algunos nombran Menkeres, hijo del constructor de la primera pirámide, se convirtió en rey. Él emprendió la construcción de la tercera pirámide, pero murió antes de que la obra estuviera totalmente terminada. [...] Por sus dimensiones, esta obra es netamente inferior a las precedentes, pero las supera con mucho en la calidad de la arquitectura y en la suntuosidad de la piedra.

[...] Se está de acuerdo en que estos monumentos superan, con mucho, a todos los de Egipto, no sólo por el tamaño de los edificios y por su costo, sino también por la habilidad técnica desplegada por sus constructores. Y se añade que son más de admirar los arquitectos de estas obras que los reyes que proporcionaron los medios para su ejecución. De los primeros hay que admirar sus facultades personales y su amor a la gloria, mientras que de los segundos sólo su riqueza heredada y el rudo trabajo de otros que incorporaron a su proyecto.

Diodoro de Sicilia,
Bibliothèque historique
(libro I, LXIII-LXIV),
París, Les Belles Lettres, 1993
Traducción al castellano de la traducción
francesa de Yvonne Vernière

Una «piedra basculante» abre la Gran Pirámide

[...] se alzan numerosas pirámides que son tumbas reales, de las que tres son muy notables. Dos de las tres se cuentan entre las siete maravillas del mundo. Tienen, efectivamente, un estadio de altura, una forma cuadrangular y su altura es sólo un poco más importante que la longitud de cada uno de sus lados; de las dos, una de ellas es ligeramente más grande que la otra. A una cierta altura y aproximadamente equidistante entre los lados, se encuentra una piedra basculante que, cuando se desplaza, da acceso a una galería en pendiente descendente hacia la tumba. Estas dos pirámides están cerca una de la otra y al mismo nivel. Más lejos, a una altura superior, se encuentra la tercera, mucho más pequeña que las otras dos, pero construida con más gasto. En efecto, desde la base y hasta aproximadamente la mitad, está construida con piedras negras, de la piedra de la que se hacen los morteros, y que se traen de muy lejos [y] aumentan grandemente el costo de la obra. Se denomina esta pirámide «la tumba de la cortesana», construida por sus amantes; cortesana que Safo, la poetisa lírica, llamó Doricha, la bienamada del hermano de Safo, Charaxos, quien se ocupaba de transportar vino de Lesbos a Naucratis [...].

Otros dan a esta cortesana el nombre de Radophis. Cuentan, al respecto, la siguiente leyenda: un día en que se estaba bañando, un águila tomó una de sus sandalias de manos de su sirvienta y la llevó a Menfis; allí, mientras que el rey estaba haciendo justicia al aire libre, el águila, cuando pasaba justo sobre su cabeza, dejó caer la sandalia en su regazo. El rey, conmovido a la vez por la elegancia de la sandalia y por lo raro del evento, envió hombres en todas direcciones a través del país entero, a la búsqueda de la dama que portaba una sandalia como aquella. Cuando la encontraron en Naucratis, fue llevada a Menfis y se convirtió en la esposa del rey; tras su muerte, fue honrada con esta tumba de la que hablamos.

Estrabón,
Le voyage en Égypte,
París, Nil Éditions, 1997
Traducción al castellano de la traducción
francesa de Pascal Charvet

«Obras vanas, ostentación de la riqueza de los reyes»

Hablemos también, de pasada, de las pirámides de este mismo Egipto, alarde inútil y necio de la riqueza de los reyes. Casi todos piensan que los reyes no tenían otro motivo para construirlas que no dejar su fortuna a sus sucesores, o a sus rivales que conspiraban contra ellos, o para no tener al pueblo inactivo. Estos hombres se ufanaban enormemente de estas construcciones. Existen restos de numerosas pirámides inacabadas. [Las tres], cuya fama ha llenado el universo, y que son vistas realmente por todos los navegantes del río, se hallan en la parte africana, sobre una montaña pedregosa y estéril, entre la ciudad de Menfis y lo que, como hemos dicho, se denomina el Delta, a menos de cuatro millas del Nilo y siete millas y media de Menfis [...].

Delante de ellas está la Esfinge, posiblemente aún más admirable, sobre la que se ha guardado silencio y que es la divinidad local de los habitantes. Éstos piensan que es la tumba del rey Harmais y pretenden que yace allí, pero es sólo la roca esculpida allí mismo; para honrarla se pinta de rojo la cara del monstruo [...].

La pirámide más grande está construida con piedras de las canteras de Arabia. Se dice que trescientos sesenta mil hombres trabajaron en ella durante veinte años, y que las tres se terminaron en ochenta y ocho años y cuatro meses. Sobre las pirámides han escrito Heródoto, Evémero, Duris de Samos, Aristágoras, Dionisio, Artemidoro, Alejandro Polyhistor, Butoridas, Antístenes, Demetrio, Demóteles y Apion. [...]

Plinio el Viejo,
Histoire naturelle (XXXVI, 16-18),
París, Gallimard, 1999
Traducción al castellano de la traducción
francesa de Littré

Las Grandes Pirámides en la literatura árabe

Los textos árabes que florecieron entre los siglos X y XV atestiguan la admiración de sus autores por el buen hacer de los constructores de estas Grandes Pirámides, «inmensas mamas que se alzan sobre el seno de Egipto». Junto a relatos impregnados de lo maravilloso, como la leyenda del rey Surid, las observaciones de los viajeros árabes rebosan tanto de detalles como de informaciones de carácter histórico.

La leyenda del rey Surid

El primero en construir pirámides fue Surid, hijo de Sahluk, quien reinó en Egipto trescientos años antes del Diluvio. Este rey tuvo un sueño en el que le pareció ver que la Tierra estaba conmocionada con todos sus habitantes, que los hombres huían de todas partes y que las estrellas, desprendiéndose del cielo, chocaban unas con las otras en medio de un fragor espantoso. Conmovido por este sueño, le entró un gran temor; no se lo dijo a nadie, pero fue consciente de que se iba a producir en el mundo un acontecimiento terrible. A continuación, soñó que las estrellas fijas descendían sobre la tierra en forma de pájaros blancos; estos pájaros secuestraban a los hombres y los iban a arrojar entre dos altas montañas que después se cerraban sobre ellos; después, las estrellas se oscurecían y se eclipsaban. Este sueño renovó sus temores. Fue al templo del Sol y se puso a gemir y a prosternarse ante el dios, en el polvo, llorando. Cuando llegó la mañana, ordenó reunir a los jefes de los sacerdotes de todas las comarcas de Egipto. Fueron ciento treinta los

que se reunieron y el rey les consultó en secreto sobre las visiones que había tenido. Los sacerdotes le alabaron y le glorificaron, y le explicaron que un gran acontecimiento sobrevendría en el mundo. Filemón, gran sacerdote, tomó la palabra (él era su jefe y vivía siempre en la presencia del rey; era el sacerdote de Ochmun, ciudad del Antiguo Egipto) para decir: «No hay duda de que la visión del rey tiene un significado maravilloso, pues los sueños de las personas reales no pueden ser ni vanos ni engañosos, a causa de su poder y de su alto rango. Yo, por mi parte, voy a informar al rey de un sueño que tuve hace un año; hasta ahora no se lo he contado a nadie». El rey le dijo: «Cuéntamelo, Filemón». «Soñé –respondió él– que estaba con el rey en lo alto del faro de Ochmun; la esfera bajó hasta tocar nuestras cabezas, y formó por encima de nosotros una cúpula que nos envolvió. El rey elevó sus manos al cielo, y las estrellas descendieron hacia nosotros en numerosas formas diferentes. Los hombres imploraban el auxilio del rey y se congregaban en masa alrededor de su castillo. El rey levantó las manos hasta la altura de la cara y dio la orden de hacer lo mismo; y los dos estábamos profundamente angustiados. Entonces distinguimos en un lugar una especie de abertura por la que se veía claridad, y de esta claridad vimos elevarse al Sol por encima de nosotros. Pareció que le implorábamos, y él nos habló, diciéndonos que la esfera volvería a su punto de partida cuando hubieran transcurrido trescientos sesenta años. Y la esfera descendió hasta casi tocar la tierra, y se volvió a elevar a su lugar. Entonces me desperté, totalmente aterrado.» El rey ordenó a los sacerdotes que determinaran la posición de las estrellas e investigaran lo que presagiaban. Ellos hicieron sus cálculos con sumo cuidado, y anunciaron el diluvio, y el fuego que después debía consumir el mundo. Fue entonces cuando el rey ordenó la construcción de las pirámides y, una vez terminadas según el plan de los sabios, él llevó allí las maravillas y tesoros de su pueblo, y los cuerpos de los antiguos reyes. Dio órdenes a los sacerdotes de depositar los secretos de su ciencia y los preceptos de su sabiduría.

L'Abrégé des Merveilles, siglo X (?), París, C. Klincksieck, 1898
Traducción al castellano de la traducción francesa de Bernard Carra de Vaux

«Si se quisiera destruir estas pirámides se fracasaría»

Cerca de este puente totalmente nuevo se alzan las pirámides antiguas, cuya construcción es prodigiosa y su aspecto extraño; tienen una forma cuadrada y se parecen a tiendas que se hubieran montado y elevado hasta el cielo, en especial dos de ellas, que son muy altas. Una de las pirámides mide, de un costado a otro, trescientos setenta pasos. Están construidas de piedras talladas, enormes, montadas de una manera admirable y perfectamente ajustadas, sin que, para mantenerlas, se haya rellenado de material los intersticios. Estas piedras tienen aristas salientes. Estas pirámides se pueden escalar pero no sin peligro y fatiga; se constata entonces que a pesar de estas aristas salientes, hay espacios muy anchos. Si se quisiera destruir estas pirámides se fracasaría. Hay opiniones diferentes sobre su naturaleza: unos dicen que están allí las tumbas de 'Ad y sus hijos, otros dan otra versión. En resumen, ¡no hay más que un Dios –poderoso y majestuoso– que sepa de dónde vienen! Una de las dos grandes pirámides posee una puerta del tamaño de un hombre o más, por encima del suelo, y por la que se accede a una vasta pieza de unos cincuenta palmos de largo y de ancho. En el fondo se ve un gran bloque de mármol, vaciado, parecido a lo que vulgarmente se llama *bila*, que se dice que es una tumba, pero, ¡Dios sabe lo que es! De este lado de la pirámide grande, se alza otra cuya base mide ciento cuarenta pasos de lado y, más lejos, otras cinco pequeñas: tres están próximas las unas a las otras y dos alejadas de las precedentes, que se tocan.

Cerca de estas pirámides, a tiro de flecha, se puede ver una curiosa estatua de piedra que se eleva como un minarete y que tiene forma humana, de un aspecto espantoso, con la cara vuelta hacia las pirámides y el dorso hacia el sur, siguiendo el curso del Nilo y a la que se denomina Abu al-ahwal [el Padre del Terror].

Ibn Yubayr,
Relation de voyages (Rihla),
finales del siglo XII, en *Voyageurs arabes*,
París, Gallimard, 1995
Traducción al castellano de la traducción francesa de Paule Charles-Dominique

Estos edificios eternos hablan todavía hoy de quienes los erigieron

De todos los países que he visto personalmente, o que conozco por los informes de otros, no hay ninguno que se pueda comparar con Egipto, por el gran número de monumentos antiguos que alberga.

Una de las maravillas de este país son las pirámides: han llamado la atención de un gran número de cronistas, quienes han consignado en sus obras la descripción y las dimensiones de estos edificios. Las hay en gran cantidad, y están todas situadas en el mismo lado del río que Djizeh, en la misma línea que la antigua capital de Egipto, y en un espacio de unas dos jornadas de marcha. [...] Entre estas pirámides las hay grandes y pequeñas; algunas están construidas de tierra y ladrillos; la mayoría están construidas en piedra; se ven algunas que están formadas por escalones o peldaños, pero las más numerosas tienen una forma perfectamente piramidal con sus superficies lisas.

[...] Para volver ahora a las pirámides, que han sido objeto de tantos relatos que las han distinguido entre todas las demás, y en las que, sobre todo, es el tamaño lo que atrae la atención, son tres, situadas todas sobre una misma línea en Djizeh, frente a Fostat, a poca distancia las unas de la otras, y sus esquinas señalan la dirección de levante. De estas tres pirámides, dos son de un tamaño enorme: los poetas que las han descrito se han rendido al entusiasmo que ellas les han inspirado; las han comparado con dos inmensas mamas que se alzan sobre el seno de Egipto. Están muy cerca la una de la otra, y están construidas con piedras blancas; la tercera, que es mucho menor que las dos primeras, está construida con granito rojo moteado de puntos y de una dureza extrema. El hierro la ataca con mucha dificultad. Parece pequeña cuando se la compara con las otras dos; pero cuando se está cerca, y no se ve más que ella, resulta sobrecogedora, y no se puede contemplar sin que la vista se fatigue.

La forma que se ha adoptado para la construcción de las pirámides, y la solidez que se les ha sabido dar, son dignas de admiración; deben a su forma el haber resistido a la acción de los siglos, o, más bien, puede parecer que sea el tiempo el que ha resistido a la acción de estos edificios eternos. En efecto, cuando uno se entrega a profundas reflexiones sobre las pirámides, se ve obligado a reconocer que los genios más grandes han prodigado todas sus habilidades; que los espíritus más sutiles han dedicado todos sus esfuerzos; que las almas más ilustradas han utilizado profusamente en favor de estos edificios todos los talentos que poseían y que podían aplicar a su construcción, y que la más avanzada teoría de la geometría ha hecho uso de todos sus recursos para producir estas maravillas, como la máxima expresión de lo que se puede conseguir. También se puede decir que estos edificios nos hablan todavía hoy de aquellos que los erigieron, nos enseñan su historia, nos cuentan de un modo muy inteligible los progresos que habían hecho en las ciencias y la excelencia de su genio; en una palabra, nos dan a conocer su vida y sus actos.

Lo que estos edificios tienen como característica más notable es la forma piramidal que se adoptó para su construcción, forma que empieza en una base cuadrada y acaba en punta. Ahora bien, una de las propiedades de esta forma es que el centro de gravedad está en el centro mismo del edificio, de manera que se apoya sobre sí mismo, que el mismo soporta el peso de toda su masa, que todas sus partes se apoyan respectivamente unas en las otras, que no gravita en ningún punto fuera de él.

[...] Una de las pirámides está abierta, y ofrece un acceso por el que se entra en su interior. Esta abertura lleva a pasajes estrechos, a conductos que se extienden hasta una gran profundidad, a pozos y precipicios, como lo aseguran las personas que han tenido el valor de adentrarse; pues hay un gran número de personas a las que una codicia loca o esperanzas quiméricas llevan al interior de este edificio. Se adentran en sus cavidades más profundas y llegan por fin a un lugar donde no es posible avanzar más. En cuanto al pasaje más frecuentado, y que normalmente se sigue, es un talud inclinado que conduce a la parte superior de la pirámide, donde se encuentra una habitación cuadrada, y en ella un sarcófago de piedra.

Esta abertura, por la que se entra en la actualidad en el interior de la pirámide, no es la puerta que había sido prevista en su construcción: es un agujero hecho con gran esfuerzo y practicado al azar. Se dice que fue el califa Mamún el que lo hizo abrir. La mayor parte de las personas de nuestro grupo entraron por esta abertura y subieron hasta la cámara habilitada en la parte alta de la pirámide. Cuando salieron narraron cosas maravillosas que habían visto, y contaron que este pasaje estaba tan lleno de murciélagos y de sus excrementos que estaba casi atascado, que los murciélagos eran casi tan grandes como palomas, y que se veían, en la parte superior, aberturas y ventanas que parecía haber sido dispuestas para dejar paso al aire y a la luz. En otra visita que hice a las pirámides, entré por este conducto interior con muchas otras personas, y avancé hasta unos dos tercios, pero tras perder el conocimiento por efecto del espanto que me inspiraba este ascenso, volví a bajar, medio muerto.

Estas pirámides están construidas con grandes piedras que tienen de diez a veinte codos de longitud, con un grosor de dos a tres codos, y otro tanto de anchura. Lo que es, sobre todo, digno de la máxima admiración es la extrema precisión con que estas piedras fueron emparejadas y dispuestas unas sobre las otras. Sus hiladas están tan bien colocadas que no se podría meter entre dos de sus piedras ni una aguja ni un cabello. Están unidas por un mortero que forma una capa del espesor de una hoja de papel. No se de qué está hecho este mortero, que me es por completo desconocido. Estas piedras están recubiertas de escrituras en esos caracteres antiguos de los que en la actualidad se ignora el significado. No he encontrado en todo Egipto a nadie que pudiera conocer, aunque fuera de oídas, a alguien que supiera algo de estos caracteres. Estas inscripciones son tan numerosas que si se quisiera copiarlas en papel, sólo las que se pueden ver en la superficie de estas dos pirámides llenarían más de diez mil páginas.

He leído en algunos libros de los antiguos sabeos que, de estas dos pirámides, una es la tumba de Agatodemon, y la otra la de Hermes. Según ellos, eran dos grandes profetas. [...] Dicen que de todas las comarcas de la tierra venían en peregrinación a estas dos pirámides.

Abd al-Latif, *Relation de l'Égypte*, finales del siglo XII-inicios del XIII, París, Imprimerie impériale, 1810 Traducción al castellano de la traducción francesa de Silvestre de Sacy

Testimonios de viajeros occidentales

Incluso antes de la expedición de 1798, numerosos viajeros occidentales dejaron testimonios de las pirámides de Guiza, en los que relatan anécdotas de la escalada hasta la cúspide como la accidentada visita al interior de la Gran Pirámide. En el siglo XIX, aunque Vivant Denon traza un retrato de la Esfinge, guardián del lugar, Chateaubriand, lejos de pensar como Volney que estas «montañas artificiales» no son más que tumbas, ve una «puerta eterna construida sobre los confines de la eternidad».

«Estas pirámides en punta de diamante»

Estas pirámides están construidas en punta de diamante, sobresalen como torres, y superan toda altura montañosa. Y como abajo son muy anchas y van disminuyendo a medida que suben, los geómetras las llaman «pirámides», de *pyr*, el nombre griego de «fuego». [...] Los reyes de Egipto hacían construir estas pirámides para dejar un recuerdo especial de ellos; algo que no alabó Plinio, hombre muy docto y de buen juicio. [...] Otros dicen que los príncipes hacían tan grandes gastos para que el pueblo no permaneciera ocioso. [...] Yo creo más bien lo que algunos dicen: que eran sepulturas de los reyes, como indica Heródoto, y tengo una experiencia, pues he visto dentro de una pirámide un gran bloque de mármol tallado en forma de sepulcro.

André Thevet,
Cosmographie de Levant,
J. de Tornes y G. Gazeau, 1556
Traducción al castellano

«La más importante de las siete maravillas del mundo»

Justamente al oeste de la ciudad, muy cerca de estos desiertos [líbicos], en la cima de una meseta rocosa que bordea el valle, se elevan estas tres pirámides (los monumentos bárbaros de la prodigalidad y de la vanagloria) tan famosos universalmente. [...]

La mayor de las tres, y la más importante de las siete maravillas del mundo, cuadrada en su base, se dice que ocupa ocho acres de terreno. El cuadrado tiene trescientos pasos de largo, y el cuadrado de la cúspide, formado por tres piedras solamente, [es] lo suficientemente amplio para que sesenta personas estén en él. Se accede por doscientos cincuenta y cinco escalones, cada uno de los cuales tiene unos tres pies de altura y un ancho en proporción. En todo el conjunto no hay ninguna piedra que pudiera ser tirada por nuestros carruajes. [...] Es motivo de asombro cómo fueron transportadas hasta aquí, y es aún más asombroso cómo las levantaron. Fue construida durante veinte años por trescientos sesenta mil hombres que estuvieron empleados todo el tiempo y que, se dice, consumieron mil ochocientos talentos de rábanos, ajos y cebollas. Para estas empresas, y otras semejantes, los reyes agotaron su tesoro y tuvieron al pueblo ocupado, por temor a que una riqueza tan prodigiosa corrompiera a sus sucesores y que una peligrosa ociosidad hiciera nacer en sus súbditos el deseo de innovaciones. Además, al considerar la fragilidad del hombre que, en un instante brota, se desarrolla y se marchita, intentaron, mediante estas construcciones tan suntuosas y magníficas, hacer eterna su gloria a pesar de la muerte, lo cual fue vano. [...]

Sin embargo, fueron un bocado demasiado grande para que el tiempo lo pudiera devorar, ya que se puede conjeturar que han durado unos tres mil doscientos años, y que actualmente está más bien vieja que en ruinas. [...] Llegamos, por fin, a la cima después de numerosas paradas y con muchas dificultades; con ojos maravillados observamos desde lo alto este rey de los ríos y el más maravilloso de los países. Al sur, y muy cerca, las momias; a lo lejos varias pirámides inmensas, cada una de las cuales podía sustituirla como [la séptima] maravilla [del mundo].

George Sandys, *Voyages en Égypte des années 1611 et 1612*, El Cairo, Instituto francés de arqueología oriental, 1973 Traducción al castellano de la traducción francesa de Oleg V. Volkoff

«Prodigiosos montones de piedras talladas»

Dejando aparte numerosas pirámides más pequeñas dispersas aquí y allá en el desierto, insistiremos únicamente en las tres más notables. No son nada más que prodigiosos montones de piedras talladas, montadas en forma de pirámide que se erige sobre una base cuadrada, que se va haciendo gradualmente más pequeña hasta la cúspide. La más grande y bella de las tres tiene en la base unos 322 de mis pasos de lado, de modo que su perímetro debe de ser de 1.292 pasos. Pero hay tantos montones de arena, acumulados por el viento, que resulta imposible tomar medidas exactas, y, de hecho, dos de los lados opuestos parecen, a ojo, más grandes que los otros dos, con lo que la base sería oblonga. Su altura parece ser la misma que un lado de la base. En el exterior está rodeada de escalones en forma de anfiteatro, por los que escalamos, no sin dificultad y riesgo, ya que las piedras son estrechas y, en ciertos lugares, muy desgastadas, de modo que se nos hacía muy difícil subir. [...] Una vez que hubimos descansado un poco, continuamos hasta la cima, la cual, aunque parece terminar en punta cuando se mira desde abajo, puede admitir sin dificultad no menos de cuarenta personas. [...] Visitamos también el interior. Entrados allí, provistos de antorchas, nos vimos obligados a gatear con manos y rodillas hasta el centro de la pirámide, donde encontramos un pasaje en forma de una gran chimenea, que llegaba desde el fondo hasta casi la cima; en los dos lados hay dispuestos agujeros para que se puedan poner los pies para subir. Habiendo alcanzado una altura considerable, encontramos una bonita cámara, decorada con mármol, con una tumba en el otro extremo, de la que se dice que es donde el faraón tenía la intención de ser enterrado, si no fuera porque su cadáver quedó en el mar Rojo, al perseguir a los hijos de Israel cuando estos abandonaban Egipto. Cerca de esta cámara, vimos otra muy parecida a la anterior, pero al no haber nada más que mereciera nuestra curiosidad, nos regresamos por la misma chimenea.

Ellis Veryard,
Voyages en Égypte pendant les années 1678-1701,
El Cairo, Instituto francés de arqueología oriental, 1981
Traducción al castellano de la traducción francesa de Christine Farard-Meeks

Una «tumba vana»

La mano del tiempo, y mas todavía la del hombre, que han asolado todos los monumentos de la antigüedad, no han podido hasta aquí contra las pirámides. La solidez de su construcción, y la enormidad de su mole las han preservado de todo menoscabo, y parecen asegurarles eterna duración. No hay viagero que no prorrumpa en entusiasmo al hablar de ellas, y este entusiasmo no es exagerado. Diez leguas antes de llegar, ya empiezan á columbrarse estas montañas facticias. Aparentan alejarse a medida que uno se les acerca; todavía nos hallamos á una legua de distancia y ya dominan de tal suerte la tierra que se cree estar á sus plantas; por fin se tocan, y no hay voces para espresar la variedad de sensaciones que allí se esperimentan: la altitud de su remate, la inclinacion de su pendiente, la amplitud de su superficie, el peso de su asiento, la memoria de los tiempos que recuerdan, el cómputo del trabajo que han costado, la idea de que estas inmensas rocas son obra del hombre, tan pequeño y tan débil que se arrastra á sus pies; todo penetra el alma y el corazón á la vez de asombro, de terror, de humillación, de respeto y admiración; mas es preciso confesar que muy en breve sucede otro sentimiento á este primer transporte. Despues de haber formado una opinion tan sublime del poderío humano, si descendemos á meditar acerca del objeto en que le emplea, arrojamos una mirada de pesar sobre la obra de sus manos; nos aflige considerar que para una construir un vano sepulcro, ha sido forzoso atormentar veinte años á toda una nación; gemimos reflexionando en el sin número de injusticias y de vejaciones que han debido costar las onerosas levas que se hacian para el acarreo, corte y acopio de tantos materiales. Se enardece nuestro pecho contra la extravagancia de los déspotas que mandaron levantar estas bárbaras obras: este sentimiento nos asalta mas de una vez cuando recorremos los monumentos del Egipto; esos laberintos, esos templos, esas pirámides en su maciza estructura, atestiguan mucho menos el ingenio de un pueblo opulento y amigo de las artes, que la servidumbre de una nación atormentada por el capricho de sus mandones. [...]

Sin duda el interes por este pueblo mas bien que por sus monumentos, es lo que debe inspirarnos el deseo de ver pasar el Egipto á otras manos; mas aun bajo ese último respecto, sería siempre de desearse una revolucion semejante. Si esta región fuese poseída por una nacion aficionada á las artes imitativas, se encontrarian en ella recursos para el conocimiento de la antigüedad, que ya el resto de la tierra no puede facilitarnos [...]. Entonces se podrá excavar y registrar en todos sus recónditos la tierra del Nilo y los arenales de la Libia; podrá abrirse la pirámide menor de Djizé, que para demolerla desde los cimientos, no se gastarian diez mil pesos fuertes; y acaso también á esa época, debemos remitir el desciframiento de los geroglíficos [...].

Conde Volney,
Viage por Egipto y Siria,
París, Imprenta de Julio Didot, 1830

Un retrato de la Esfinge

Sólo tuve tiempo de observar la esfinge, que merece ser dibujada con el cuidado más escrupuloso, y que nunca lo ha sido de este modo. Aunque sus proporciones son colosales, los contornos que se han conservado son tan suaves como puros: la expresión de la cabeza es dulce, graciosa y tranquila, sus facciones son africanas, pero la boca, de labios gruesos, tiene una suavidad de movimiento y una elegancia en la ejecución verdaderamente admirables: es carne y vida. La ejecución de un monumento como éste indica que el arte había alcanzado un alto grado de perfección; si falta a esta cabeza lo que se ha convenido en llamar «estilo», es decir, las formas rectas y orgullosas que los griegos han dado a sus divinidades, no se ha hecho justicia ni a la simplicidad ni al paso grande y dulce de la naturaleza que se debe admirar en esta figura; en resumen, lo único que ha sorprendido siempre es el tamaño de este monumento, cuando la perfección de su ejecución es aún más admirable.

Dominique Vivant Denon,
Voyage dans la Basse et Haute Égypte,
París, P. Didot l'aîné, 1802
Traducción al castellano

Una puerta eterna edificada en los confines de la eternidad

Confieso, sin embargo, que al primer aspecto de las pirámides, quedé sobrecogido de admiración. Bien sé que la filosofía puede gemir ó sonreirse al considerar que el monumento más grande que ha salido de la mano de los hombres es un sepulcro; mas, ¿por qué no hemos de ver en la pirámide de Cheops más que un montón de piedras y un esqueleto? [...] aquel sepulcro no es el límite que anuncia el fin de una carrera de un día, sino el umbral que señala la entrada en una vida sin término; es una especie de puerta eterna edificada en los confines de la eternidad. [...]

Considerando la cosa con rigor, una pequeña huesa basta á todos y seis pies de tierra, como dijo Mateo Molé, bastarán siempre para el hombre mas grande del mundo. Dios puede ser adorado bajo un árbol como bajo la cúpula de San Pedro; y lo mismo puede vivirse en una cabaña que en el Louvre; el vicio de este discurso es el de trasladar un órden de cosas a otro. Por otra parte, un pueblo no es mas dichoso cuando vive ignorante de las artes, que cuando deja brillantes monumentos de su genio. Nadie cree ya en estas sociedades de pastores que pasan su vida en la inocencia, paseando su dulce ociosidad por las florestas: se sabe que aquellos honrados pastores se hacen mútuamente la guerra [...]. En poesía y en filosofía, un pequeño pueblo a semi-bárbaro puede gozar de todos los bienes de la vida; pero la inexorable historia le somete á todas las calamidades que afligen el resto de los hombres. Los que declaman tanto contra la gloria, ¿no tendrían una poca afición a la celebridad? En cuanto a mí, lejos de mirar como un insensato al rey que hizo edificar la gran pirámide, lo considero, por el contrario, como un monarca magnánimo; porque la idea de vencer el tiempo por un sepulcro, y forzar á las generaciones, las costumbres, las leyes y las edades á estrellase al pie de un atahud, no pudo nacer de un alma vulgar. Si en ellos se ve el orgullo, es siquiera un orgullo grande, por que una vanidad como la de la gran pirámide, que dura hace tres ó cuatro mil años, bien puede á la larga, contarse por algo.

F. R. de Chateaubriand,
Itinerario de París a Jerusalén
Madrid, Estab. Tipog. de D. F. de P.
Mellado, Editor, 1850

Crónicas de grandes descubrimientos

Con un cuarto de siglo de diferencia, el italiano Giovanni Belzoni y el estadounidense George Reisner relatan dos momentos clave de la arqueología egipcia. El primero descubrió, en 1818, después de obstinadas investigaciones, la entrada a la pirámide de Kefrén. El segundo cuenta cómo, en 1925, su equipo hizo el descubrimiento fortuito –en su ausencia– de la «tumba» de la reina Hetepheres, madre de Keops.

La entrada de la pirámide de Kefrén

El fracaso de mi última operación sólo consiguió que me volviera más obstinado en mi proyecto de descubrir la entrada de la pirámide. Había dado a los árabes un día de descanso, que utilicé para examinar las pirámides con más atención. Sucede muchas veces que un hombre está demasiado comprometido con una empresa para abandonarla sin deshonor; no le queda otro remedio que seguir adelante, y éste era mi caso. Me había equivocado, perdiendo tiempo y esfuerzos, al seguir un camino que no me conducía a ningún sitio; para mí era una pérdida considerable que era necesario convertir en un éxito esplendoroso.

Al examinar la entrada de la primera pirámide observé que, en lugar de estar colocada en el centro, el pasaje se dirigía desde fuera hacia el lado oriental de la cámara del rey, y como esta cámara se encuentra aproximadamente en el centro de la pirámide, la entrada debe estar alejada del centro de la fachada, en la proporción de la distancia que hay entre el centro de la cámara y su lado oriental.

De esta simple y natural observación, llegué a la conclusión de que si había una cámara en la segunda pirámide, la entrada o pasaje por la que se llegaría a ella no se podía encontrar en el lugar donde había excavado, es decir, en la mitad de la fachada; sino que, a juzgar por la posición del pasaje de la primera pirámide, era necesario que el de la segunda estuviera unos treinta pies más hacia el oriente.

Llegado a esta conclusión, me apresuré en aplicarla y volví a la segunda pirámide, donde no fue una gran sorpresa encontrar a unos treinta pasos del lugar donde había comenzado las excavaciones un terreno semejante al que ya había excavado; al verlo renacieron mis esperanzas. Observé que en este lugar las piedras y el mortero no formaban una masa tan compacta como en el lado del levante; y lo que me resultó más placentero fue observar que del lado donde suponía que estaría la entrada, habían sido quitadas algunas piedras de la superficie de la pirámide en un espacio de varios pies, lo que comprobé tirando una línea sobre el revestimiento por encima del lugar cóncavo hasta la base; con esta prueba puede comprobar que la concavidad tenía una profundidad mayor hacia el punto donde iba a empezar a excavar.

Cualquiera que tenga ocasión de visitar las pirámides encontrará fácilmente esta concavidad encima de la verdadera entrada que descubriría enseguida.

Al combinar así dos circunstancias, es decir, la calidad poco compacta del terreno, calidad que me había servido de guía en las excavaciones que había realizado en Tebas, y después la dirección del pasaje de la primera pirámide, volví al trabajo con un nuevo ardor. Los árabes se maravillaron al verme reemprender el trabajo, pero la avidez por el dinero fue el único motivo para alegrarse, ya que no tenían ninguna esperanza de éxito, y yo mismo les oí pronunciar *sotto voce*, más de una vez, la palabra *magnoun*, equivalente a «loco». El día en que me volví a empezar era para mí de buen augurio, pues era el aniversario de aquél en el que había descubierto la entrada de la tumba de Psamético, en Tebas. Indiqué a los trabajadores el lugar donde había que excavar y, al cabo de poco, se reconoció que había calculado tan bien que el error era de solamente dos pies para que nuestras excavaciones hubieran empezado precisamente delante de la entrada. Cuando los árabes comenzaron a excavar, encontraron escombros tan blandos como los de la primera excavación; y además encontraron grandes bloques que habían pertenecido a la pirámide, los cuales no habían caído del revestimiento; y a medida que excavábamos fue aumentando el tamaño de estos bloques.

Pocos días después de la visita del señor abad de Forbin, recibí una segunda de otro viajero europeo, el caballero Frediani, que, de regreso de un viaje a la segunda catarata del Nilo, venía a visitar las pirámides. Lo había conocido cuando remonté el Nilo, y tuve un gran placer con su llegada ya que era un testigo imparcial de mis operaciones, sobre todo si éstas tenían éxito. Por desgracia, y aunque aprobó cumplidamente mi empresa, no podía esperar hasta el final, y quería partir dos días después de su llegada, aun cuando tuviera la misma curiosidad de ver el resultado que los árabes que me llamaban *magnoun*. Sin embargo, el mismo día en que se disponía a volver a El Cairo, encontré en la excavación un gran bloque de granito, inclinado hacia abajo con el mismo ángulo que el pasaje de la primera pirámide, dirigido hacia el centro. Por este hallazgo, pedí al caballero que pospusiera su partida hasta el día siguiente, ya que podría tener el placer de ser uno de los primeros en ver la entrada de la pirámide; consintió y estuve muy contento por tener a uno de mis compatriotas como testigo del descubrimiento que iba a hacer. El primer bloque de granito había sido visto el 28 de febrero, y al día siguiente, 1 de marzo, descubrimos tres bloques más de la misma piedra, uno a cada lado y el tercero arriba, todos en una posición inclinada hacia el centro; con tal descubrimiento, presagio de un próximo éxito, aumentaron mis esperanzas y mis expectativas. De hecho, el día siguiente, 2 de marzo, hacia el mediodía, llegamos al fin a la verdadera entrada de la pirámide. Los árabes, cuya curiosidad se había multiplicado a la vista de las tres piedras, explotaron de júbilo al haber encontrado un nuevo recurso para ganar *bakchis* de los viajeros.

Una vez despejada la parte delantera de las tres piedras, nos dimos cuenta de que servían de entrada a un pasaje de cuatro pies de altura y tres y medio de anchura, formado por grandes piedras de granito, y descendente hasta ciento cuatro pies y cinco pulgadas hacia el centro, con una inclinación de veintiséis grados. El pasaje estaba obstruido casi por completo con grandes piedras, caídas de la bóveda, y que habían rodado, como consecuencia de la pendiente del terreno, hasta que otros bloques más pesados las habían detenido.

Realizamos un trabajo muy penoso para retirar todas aquellas piedras de aquel pasaje, casi totalmente obstruido de un extremo al otro; empleamos una jornada y media para despejarlo. A continuación llegamos a un gran bloque que cerraba el paso con tal exactitud que parecía que nos iba a privar de toda esperanza de avanzar más allá. Sin embargo, al observarlo más de cerca vi que estaba levantado unas ocho pulgadas por encima del suelo, donde la piedra había sido tallada para apoyar aquel bloque, y me convencí de que era simplemente una losa de granito de un pie y tres pulgadas de grueso, destinada a enmascarar el interior de la pirámide. De hecho, al hacer pasar por una pequeña abertura debajo de la losa una larga paja de cebada, la pude empujar hasta tres pies de profundidad, lo que convenció de que detrás de ella estaba vacío, pero moverla y sacarla era un trabajo muy difícil.

El pasaje, como ya dije, no tenía más que cuatro pies de altura y tres y medio de ancho: no podían trabajar dos hombres al mismo tiempo; sin embargo, eran necesarios varios trabajadores para quitar la losa, que tenía seis pies de alto y cinco de ancho. No podían utilizarse palancas muy largas, ya que no había espacio suficiente para manejarlas, y si las palancas eran cortas, se necesitaban muchas, que no podían ser empleadas por los pocos trabajadores que podían entrar. El único modo de quitar el estorbo era levantar la losa con las palancas lo suficiente para pasar por debajo, y colocarla a continuación sobre algunas piedras dispuestas bajo los dos extremos, lo que hicimos enseguida. En el momento en que la losa fue levantada lo suficiente para que pudiera pasar un hombre, un árabe pasó provisto de una vela; volvió asegurándonos que la cámara era bellísima. Continué con el levantamiento de la losa y conseguí finalmente que la abertura fuera lo suficientemente grande para que me permitiera introducirme.

De este modo, después de treinta días de trabajo, tuve la satisfacción de entrar en una pirámide que había sido considerada desde siempre como impenetrable. Conmigo entró el caballero Frediani.

Una vez pasamos por debajo de la losa, nos encontramos en un pasaje que no era ni más alto ni más ancho que el primero. El marco de la losa tiene seis pies y once pulgadas de espesor, y el segundo pasaje, una longitud de veintidós pies y siete pulgadas. Al final de este pasaje se acaban las piedras de granito y se alcanza un pozo perpendicular de quince pies y dos direcciones diferentes de este pasaje cavadas en la roca. La de la derecha se prolonga, subiendo, por un espacio de treinta pies y se acerca a la parte inferior del pasaje abierto en la pirámide del que ya hablé antes. Ante nosotros, el pasaje se dirigía horizontalmente hacia el centro, pero en lugar de seguirlo descendimos por el pozo con una cuerda; llegados al fondo, vi otro pasaje inclinado como el de arriba, con un ángulo de veintiséis grados hacia el norte. Por tanto, como mi objetivo principal era conocer el centro de la pirámide, seguí esta ruta; remontando la pendiente, encontré otro pasaje trazado horizontalmente que siguió conduciéndome directamente al centro. Partiendo del pozo, todos los pasajes que encontramos estaban excavados en la roca viva, y el último en el que habíamos entrado tenía cinco pies y once pulgadas de alto sobre tres pies y medio de ancho.

Caminando por aquel pasaje encontramos las paredes recubiertas de arborescencias de nitro que tenían formas de cuerdas, de la lana de un cordero blanco y de las hojas de la escarola. Por último llegué a la cámara principal de la pirámide. Después de dar algunos pasos por el interior, me detuve para examinar aquel lugar que, durante tantos siglos, había estado oculto a la vista de todos, a pesar de los esfuerzos realizados por la curiosidad de los sabios para conocerlo. La antorcha que iluminaba mis pasos, aunque bastaba para permitirme distinguir los principales objetos, sólo conseguía iluminar difusamente el conjunto de la sala, donde esperaba encontrar un sarcófago dispuesto como el de la primera pirámide; pero mi expectativa resultó fallida, ya que no encontré nada en aquella parte. Sin embargo, al continuar examinando el oeste de la cámara, me sorprendí gratamente al encontrar un sarcófago enterrado a flor de tierra.

En aquel momento me alcanzó el caballero Frediani e hicimos una revisión general del subterráneo, el cual tenía veintitrés pies y medio de alto, cuarenta y seis y un cuarto de longitud y dieciséis pies y tres pulgadas de anchura; está excavado en la roca viva desde el suelo hasta la bóveda o hasta el vértice, pues las grandes masas de piedra caliza se van acercando por los lados y se unen en el centro de la bóveda, de modo que la sala imita la figura de la propia pirámide; esta bóveda está pintada. El sarcófago tiene ocho pies de largo, tres y medio de ancho y, en su interior, una profundidad de dos pies y tres pulgadas; lo circundan grandes bloques de granito, como para impedir que se lo puedan llevar, lo que en realidad sólo se podría hacer con un

grandísimo esfuerzo. La tapa estaba rota en el lado, de manera que el interior estaba medio descubierto. Este sarcófago está construido con el granito más bello, pero, como sucedía con el de la primera pirámide, no tiene en su superficie ni un solo jeroglífico. Mirando en el interior, encontré una gran cantidad de tierra y piedras; y como yo no buscaba nada más que una inscripción que pudiera arrojar luz sobre la construcción de las pirámides, no vi aquel día los huesos que se encontraban mezclados con los escombros.

Examinamos los muros minuciosamente; en algunos lugares se habían levantado las piedras, probablemente para asegurarse de que no había ningún tesoro escondido. Encontramos algunos garabatos escritos con carbón; eran caracteres desconocidos apenas perceptibles que se confundían en cuanto se les tocaba. Sobre el muro del extremo occidental de la cámara, encontré una inscripción en árabe, que reproduzco aquí como estaba escrita:

وفتحرم المعلم أحمد محمد اجار وذاك المعلم

عتمان حضر والملك علي محمد اولاً ولغلاك

Me detendré un poco sobre esta inscripción, ya que ha sido interpretada de diversas maneras, y que, por su parte, es importante desde un punto de vista histórico. Parece ser que lo que ha hecho variar la interpretación sea el sentido de los últimos caracteres, que se ha mostrado oscuro, ya que éstos estaban tan confundidos con la piedra que eran apenas distinguibles. No queriendo fiarme de mí mismo, había hecho copiar las inscripciones por un copto que hice traer de El Cairo para este propósito; y no estando aún satisfecho con esto, aunque él me asegurara que las había copiado con toda fidelidad, pedí a varias personas de El Cairo, muy versadas en la lengua árabe, que comparasen la copia con el original inscrito en la pirámide. Ellos la encontraron perfectamente correcta, pero con la excepción de los últimos caracteres, en los que no estaban totalmente de acuerdo, ya que, realmente, como ya he dicho, no se podían leer bien. Sin embargo, tal como las copió el copto, tienen un sentido razonable y parece que sean lo que quería expresar el autor de la inscripción. He aquí la traducción literal de esta inscripción hecha por el señor Salame:

«El señor Mohammed Ahmed, maestro cantero, las ha abierto y el señor Othman ha asistido, y después el rey Alí-Mohammed, hasta el cierre.»

De esta inscripción se desprende que la pirámide ya había sido abierta, y que se había vuelto a cerrar; lo que yo ya había deducido de la inspección del lugar.

Giovanni Batista Belzoni,
Viaggi in Egitto ed in Nubia,
Livorno, Tipografia Vignozzi, 1827
Traducción al castellano

La «tumba» de la reina Hetepheres

En el momento del descubrimiento me encontraba en América, donde había regresado a finales de enero para reanudar mis funciones periódicas en la Universidad de Harvard y en el Museo de Bellas Artes. Había dejado a M. Alan Rowe, auxiliado por M. T. D. R. Greenlees, de Said Ahmed Said, el jefe de equipo, y el resto del equipo habitual, con el fin de acabar el trabajo previsto para la estación. Consecuentemente, fueron mis ayudantes los que tuvieron el placer de ser los primeros en ver la tumba. [...]

El 9 de febrero de 1925, cuando estaba instalando su aparato fotográfico sobre los escombros de albañilería al norte de la «calle de la Reina», el fotógrafo notó una placa de yeso en la pared de la escarpadura que formaba la arista sur de la cavidad. Inmediatamente dio parte de esta observación a Said Ahmed, quien se la pasó a M. Rowe, pero, a causa de otros trabajos en curso, no le fue posible examinar la escayola hasta diez días más tarde. [...] El día 20, cuando se retiró la misma, se vio que tapaba un agujero rectangular abierto en la roca y que parecía llevar a una puerta al sur. El agujero estaba tapado con pequeños bloques de piedra caliza blanca de Tura, de unos cincuenta y dos centímetros por veinticinco por veinte, fijados con yeso blanco. Se dieron cuenta de que se acababa de descubrir lo que podría ser una tumba intacta. Una vez documentado mediante un dibujo a escala, así como con una fotografía (como lo era cada una de las etapas individuales de las excavaciones), se retiró la parte superior del relleno. Se vio un escalón en el extremo norte del agujero. La retirada del relleno y su documentación continuaron, capa por capa, hasta que se descubrió, el 23 de febrero, una escalera de doce escalones que llevaba al extremo sur de la cavidad sobre un pequeño túnel excavado en la roca, que penetraba en la pared norte de una chimenea vertical. Esta chimenea estaba también obstruida por piedra caliza blanca fijada con yeso y se constató que iba tanto hacia arriba como hacia abajo. [...]

Se emprendió de inmediato a la retirada y documentación del relleno de la chimenea, para lo que se emplearon doce días de trabajo, del 23 de febrero al 7 de marzo. El trabajo se desarrolló en una atmósfera de gran nerviosismo. Nadie era capaz de predecir cuándo se alcanzaría la cámara. Bajo la capa de piedras locales que la disimulaban se encontró una pesada capa de escayola blanca, y bajo esta capa de yeso blanco, nueve capas bien colocadas de piedra caliza de Tura fijadas con yeso. Las excavaciones habían ahora atravesado la entrada del túnel en escalera en la pared norte. Por debajo, la obra de albañilería del relleno parecía haber sido realizada con menos cuidado: en algunos lugares se podría decir que las piedras habían sido arrojadas al interior y que se había echado el yeso desde lo alto del agujero. [...]

En la mañana del 7 de marzo, se halló, a veinticinco metros de profundidad, una capa de albañilería bien colocada, similar a las de la parte superior. Las dos fisuras se acercaban entre sí y la chimenea se iba haciendo más estrecha en la dimensión norte-sur; la roca estaba todavía en buen estado. De día en día, y de hora en hora, el trabajo de eliminación de las piedras y los escombros con las cestas se hacía más penoso; pero en el alma de Said Ahmed y de sus hombres, cuanto mayor era la profundidad tanto más crecía la esperanza. Ardían de impaciencia a la espera de un «gran descubrimiento», y el ritmo de avance de la excavación prácticamente no disminuyó. M. Rowe y M. Greenlees estaban ambos presentes para documentar las capas de albañilería bien colocadas que comenzaban a veinticinco metros de profundidad. Cuando se eliminó la primera de ellas, se notó que la pared norte descendía con una pendiente suave hacia el sur. Se quitó una segunda capa y apareció el techo de la cámara funeraria. M. Rowe retiró una sola piedra en el centro de la parte superior y miró en el interior. Caía la tarde y ya no había luz solar. A la luz de una vela, distinguió vagamente una cámara, un sarcófago y el brillo del oro. Se volvió a colocar el bloque para evitar que entrara el polvo y, al día siguiente,

se quitaron las tres capas superiores frente a la puerta. Ésta no estaba bloqueada por un muro separado, como era habitual, sino que el relleno del agujero llegaba hasta el fondo, con lo que se cerraba así la puerta. Así fue como, el 8 de marzo, se reconoció el dosel, el mobiliario incrustado de oro y diversos objetos. Se tomaron fotografías con luz reflejada. En la superficie, un espejo captaba la luz del sol y la reenviaba hacia el fondo hacia un gran disco niquelado que, a su vez, la reflejaba al interior de la cámara. Evidentemente, la cámara estaba inacabada. Un agujero recortado en la pared había sido rellenado con bloques rectangulares de piedra caliza blanca y bloques en bruto de piedras locales. Un agujero semejante en la pared oeste estaba obstruido con piedras rectangulares colocadas con cuidado, con una capa de yeso blanco en la que aún se podían ver huellas de los dedos un albañil muerto cinco mil años antes, tan frescas como si se hubieran hecho el día anterior. En el ángulo noroeste de la cámara, un agujero en el suelo estaba lleno de cascotes, pero parecía la entrada de una cavidad que se dirigía hacia abajo. El agujero de la pared oeste y esta cavidad despertaron muchas esperanzas, especialmente entre los obreros y en Said Ahmed que ya se imaginaban haber descubierto no sólo la tumba de Seneferu, sino también la de Unis y de otros reyes de la Dinastía III [...].

Con la aprobación del Servicio de Antigüedades Egipcias, se cerró la tumba a la espera de mi regreso.

George Reisner, «The Tomb of Queen Hetep-heres», *Boletín del Museo de Bellas Artes*, Boston, mayo de 1927 Traducción al castellano de la traducción francesa de Didier Debord

La cámara de Keops

En ocasión del IX Congreso Internacional de Egiptólogos, que tuvo lugar en Grenoble en septiembre de 2004, el arquitecto Gilles Dormion y su asociado Jean-Yves Verd'hurt anunciaron la localización de una cámara desconocida en el núcleo de la Gran Pirámide, lo que suscitó en ese momento una violenta polémica en el ámbito de la egiptología. Jean-Pierre Corteggiani, convencido de la existencia de esta cámara, repitió, en una entrevista concedida a inicios del año 2005, las razones que hacen de esta teoría algo más que una mera hipótesis.

Hace unos meses, dos egiptólogos aficionados anunciaron que habían localizado una cámara desconocida en la Gran Pirámide. Esta declaración ha desencadenado violentos comentarios mediáticos, así como una enorme polémica científica. ¿Cree usted que sea posible encontrar una cámara funeraria inviolada, o hay que ser escépticos ante lo que no sería más que uno de los múltiples avatares de la egiptomanía?

[Estoy] contento de contestar y voy a intentar hacerlo sencillamente, sin polémicas inútiles.

Diría, en primer lugar, que si Gilles Dormion y su colega Jean-Yves Verd'hurt, con el que ha escrito su libro a cuatro manos –lo puedo atestiguar, ya que me han ido enviando su trabajo, capítulo por capítulo, a medida que iban avanzando– no son egiptólogos, ni lo han pretendido ser nunca; tampoco son, evidentemente, «aficionados», sobre todo en el sentido peyorativo que se adivina en el espíritu de aquellos a los que parece molestar tanto su posible descubrimiento. [...]

¡Su proceso es un proceso arquitectónico y, si ser egiptólogo es ser capaz de leer los jeroglíficos, no es necesario poseer este título para estudiar un monumento, por mítico que sea, que no tiene ni una sola inscripción jeroglífica! Del mismo modo, no es necesario ser arquitecto para leer una obra bien escrita que muestra, ante todo, que sus autores tienen un perfecto conocimiento de todas las pirámides de la Dinastía IV, empezando por la de Meidum, donde su descubrimiento de «cámaras de descarga» desconocidas ha demostrado la seriedad de sus investigaciones.

Volviendo pues a mi tema, ya que es exactamente lo que pienso, en los términos de un egiptólogo y de arquitecto amigos míos, yo diría que *La Chambre de Chéops*, el libro de Gilles Dormion, es una obra «límpida y definitiva», o, aún mejor, «deslumbrante». ¡Algunos dirán que esto puede ser excesivo, pero, puestos a entrar en el exceso, prefiero que sea en un sentido positivo y no negativo!

A pesar de los propósitos simplistas mantenidos aquí y allá, no es una cuestión de «cámara secreta», sino, dicho mas prudentemente, de una cámara «supuesta» o «hipotética». ¡Y el punto de partida del razonamiento que desemboca en la idea de que la Gran Pirámide alberga una cámara todavía desconocida no ha sido nunca que, como la momia de Keops no ha sido descubierta, es porque está todavía escondida en alguna parte del monumento! ¡Esto equivaldría a decir que todo rey cuyo cuerpo no haya sido encontrado todavía yacería en un lugar secreto, entre su mobiliario funerario –perdón, los medios obligan– entre su «tesoro»!

¡Los verdaderos egiptólogos tendrían mucha tela que cortar!

Dormion y Verd'hurt parten de una constatación muy diferente, y se ve, al leerlos, no haberla hecho por sí mismos, ya que basta observar lo que todo el mundo puede ver: la cámara del rey era, evidentemente, la cámara funeraria destinada a recibir la sepultura de Keops, pero, debido a un grave problema tectónico que afectó a esta parte de la pirámide cuando se realizaron las cinco «cámaras de descarga» –el correspondiente a acumular cerca de 2.500 toneladas de granito sobre el núcleo de un sillar de caliza de menor densidad– se habría decidido reutilizar un apartamento funerario desechado como consecuencia de un cambio del planes en el transcurso de la construcción.

Recordemos que la pirámide de Keops, cuya estructura interna es la más compleja de todas las pirámides, consta de tres «cámaras»: la primera, inacabada, excavada en la roca a una treintena de metros de profundidad; la segunda, llamada «cámara de la reina», a la que se accede por el «corredor

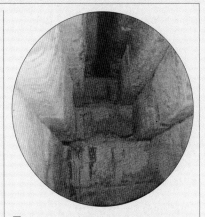

En 1998 se descubrieron dos cámaras en la pirámide de Meïdoum, gracias a las deducciones arquitectónicas de Gilles Dormion y Jean-Ives Verd'hurt. Vista de una de las cámaras a través del endoscopio (*superior*).

horizontal» y la cámara del rey, en lo alto de la impresionante Gran Galería. Aunque las importantes remodelaciones –perforación del «corredor ascendente» en las hiladas ya colocadas, necesidad de perforar el «pozo» para permitir la salida después de cerrado el monumento– son muestras de que se trató de un proyecto evolutivo, algunos, como R. Stadelmann, piensan, por el contrario, que se trató de un proyecto único y que un supuesto «sistema de tres cámaras» era común a todas las pirámides.

Cuando se está dentro de la cámara del rey es fácil constatar que las nueve vigas que constituyen el techo presentan, todas ellas, fisuras abiertas en la parte inferior, situadas aproximadamente en la prolongación de cada una con la siguiente, a lo largo del muro sur, y que se había producido un «accidente» importante debido, parece ser, a un asentamiento del sillar hacia el sur del recinto. El hecho de que las vigas fueran apuntaladas sólidamente en el norte y en el sur, posiblemente con enormes maderos de cedro del Líbano –un tipo de árbol que crece en Egipto que podría proporcionar maderos de hasta seis metros de largo–, aunque vistas desde abajo parece que sólo tengan fisuras en la parte sur, prueba que los que intentaron evitar su hundimiento sabían que también estaban agrietadas por encima en la parte norte y que habían subido a la primera «cámara de descarga» para verificar su estado. Éste es uno de los puntos sólidos del razonamiento de Dormion: ¿quién, aparte de los propios constructores de las pirámides, podía saber que había un vacío encima de la cámara del rey y quién mejor que ellos podía conocer su nivel exacto y la manera de llegar a él perforando primeramente hacia el este y no hacia el sur como habrían hecho los posibles saqueadores? Los cazatesoros no habrían dudado en actuar como Vyse y Perring en 1837, y, al darse cuenta de que la habitación que acababan de descubrir estaba cubierta de la misma

manera que la cámara del rey, habrían intentado comprobar si había otra encima, penetrando así, sucesivamente, en las otras cuatro «cámaras de descarga». En 1765, Davidson no encontró pues la cámara de descarga que lleva su nombre, sino únicamente –¡matiz muy importante!–, ¡el antiguo acceso de la estrecha galería de verificación perforada en el voladizo más alto de la Gran Galería por los propios constructores! Algunos relatos de viajes contemporáneos dan a entender que la existencia de la cámara era conocida antes de que el inglés fuera el primero en entrar en ella.

Así las cosas, vista la importancia de los medios utilizados para evitar el hundimiento total del techo –a fines del siglo XIX, Flinders Petrie creía todavía que esto solamente era una cuestión de tiempo y de seismos–, es lógico preguntarse si los egipcios no habrían juzgado preferible sepultar a Keops en otra parte. ¡El hecho de que, en el reinado siguiente, no hubiera nunca cámaras en la superestructura de

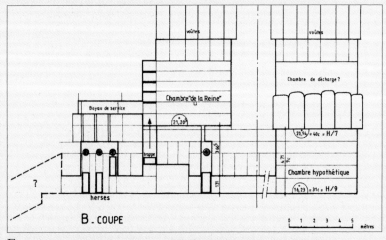

Emplazamiento de la cámara hipotética (Gilles Dormion, *La Chambre de Chéops*).

ninguna de las pirámides, prueba de todos modos que el accidente había inquietado lo suficiente a los arquitectos de la época!

Basta mirar una sección de la pirámide para ver que, al haber quedado inacabada la cámara subterránea, la única posibilidad, si hay alguna, solamente puede encontrarse en las proximidades de la cámara de la reina, y relacionada con ella. Diversas anomalías en el «corredor horizontal», la presencia de un curioso nicho provisto de un galería estrecha prolongada por una zapa de ladrones, la particular implantación del nicho en la pared este de la habitación, la ausencia de un enlosado definitivo, los restos evidentes de la base del enlosado: todos estos elementos hicieron pensar a Dormion y Verd'hurt que este conjunto era un espacio de maniobra y que a ellos se les «había pasado alguna cosa». Trabajando en aquella época con el Consejo Superior de Antigüedades –¡lo que no está mal para los así llamados «aficionados»!–, obtuvieron fácilmente la autorización para emplear un georradar para verificar la hipótesis que acababan de formular, es decir, que la cámara de la reina debía de permitir el acceso no a una cuarta cámara funeraria excavada a posteriori, como de una manera estúpida se ha puesto en su boca, sino a una parte todavía desconocida del segundo proyecto. En una colaboración desinteresada, Jean-Pierre Baron, geofísico de la SAFEGE, fue a realizar las mediciones necesarias en el suelo de la cámara según una cuadrícula que abarcaba once perfiles orientados este-oeste y once perfiles orientados norte-sur; trabajando a ciegas, como él mismo me ha explicado, ya que Dormion y Verd'hurt no le habían dicho qué era lo que esperaban, Baron se dio cuenta desde el segundo paso de que

su radar registraba un eco significativo que se iba a repetir diez veces. He aquí los términos de su informe:

«El tratamiento de las mediciones efectuadas en el suelo de la cámara parecería indicar la presencia de una estructura de aproximadamente un metro de anchura, orientada en el sentido este-oeste, cuyo techo se hallaría a unos 3,5 m de profundidad. Su eje se hallaría a 2,5 m del muro sur de la cámara y la atravesaría de parte a parte».

¿Qué cabe añadir sino que esto describe a la perfección un corredor de dos codos egipcios de ancho? ¿Que está en el eje este-oeste de la pirámide? ¿Que en toda lógica, conduce a alguna parte de la pirámide y que «esta parte» se encuentra en el núcleo de la pirámide, exactamente en la intersección de los ejes norte-sur y este-oeste? ¿Que parece que deba tener dos rejas o tres? Y sobre todo, ¿que bastaría pasar una fibra óptica por los lugares adecuados, tapados con yeso, para tener una confirmación de su existencia?

¿Entiende lo que quiero decir? Esperemos que, lo más pronto posible, se acabe por ver el reto fabuloso que esto representa.

Añadiría simplemente, y ya he tenido la ocasión de decirlo varias veces, que la SAFEGE ha trabajado en el trazado de las líneas del TGV; cuando sus ingenieros dicen que el suelo es fiable y que se pueden instalar los rieles sobre los que los trenes llenos de gente circularán a 300 km/h, ¡vale la pena que tengan razón! ¿Por qué uno de ellos se equivocaría cuando ha realizado las mediciones de georadar en la Gran Pirámide?

Jean-Pierre Corteggiani,
Fous d'Égypte: Entretiens avec
Florence Quentin,
París, Bayard, 2005
Traducción al castellano

CRONOLOGÍA DE LAS PIRÁMIDES

Todos los reyes del Imperio Antiguo, de
la Dinastía III a la VI, y una buena parte
de los del Imperio Medio, en especial hasta
la Dinastía XII, fueron enterrados en pirámides.
Las emblemáticas sepulturas de Keops, Kefrén
y Micerino son únicamente las mayores y más
perfectas entre estas decenas de tumbas con
esta forma tan particular. Desde la célebre
pirámide escalonada de Dyeser, en Saqqara,
a las pirámides de ladrillo de los Amenemhat
y los Sesostris, pasando por las pirámides
«de textos» de los faraones de la Dinastía VI
y de sus esposas, se puede seguir la evolución
de su arquitectura a lo largo de un milenio.

*A los nombres de los reyes siguen los lugares
donde fueron edificadas sus pirámides.*

Dinastía III (h. 2635-2560 a. C.)
DYESER: Saqqara norte (pirámide escalonada).
SEJEMJET: Saqqara norte (pirámide inacabada).
JABA: Zawyet el-Aryan (pirámide escalonada).
HUNY: Meidum (pirámide escalonada).

Dinastía IV (h. 2560-2450 a. C.)
SENEFERU: Dahshur (pirámides acodada
y roja); Meidum (pirámide de Huny
transformada en pirámide de caras lisas
por Seneferu).
KEOPS: Guiza (primera Gran Pirámide).
DYEDEFRA: Abu Rawash.
KEFRÉN: Guiza (segunda Gran Pirámide).
MICERINO: Guiza (tercera Gran Pirámide).
SHEPSESKAF: Saqqara sur (Mastabat Faraun).

Dinastía V (h. 2450-2320 a. C.)
USERKAF: Saqqara norte.
SAHURA: Abusir.
NEFERIRKARA: Abusir.
NEFEREFRA: Abusir.
NYUSERRA: Abusir.
DYEDKARA-Isesi: Saqqara sur.
UNIS: Saqqara norte.

Dinastía VI (h. 2320-2140 a. C.)
TETI: Saqqara norte.
PEPI I: Saqqara sur.
MERENRA: Saqqara sur.
PEPI II: Saqqara sur.

Dinastía XII (h. 1991-1784 a. C.)
AMENEMHAT I: El Lisht.
SESOSTRIS I: El Lisht.
AMENEMHAT II: Dahshur.
SESOSTRIS II: El Lahun.
SESOSTRIS III: Dahshur.
AMENEMHAT III: Dahshur y Hawara.
AMENEMHAT IV: Mazghuna.

Dinastía XIII (h. 1783-1660 a. C.)
KEHNDER: Saqqara sur.

BIBLIOGRAFÍA

Las Grandes Pirámides y la arqueología
– Dormion, Gilles, *La Pyramide de Chéops.
Architecture des appartements funéraires,*
G. Dormion y J.-Y. Verd'hurt, Lyon, 1996;
La Chambre de Chéops, Fayard, París, 2004.
– Edwards, Iorwerth Eiddon Stephen,
Les Pyramides d'Egypte, Le Livre de Poche,
París, 1967.
– Fakhry, Ahmed, *The Pyramids,* University
of Chicago Press, 1961.
– Goyon, Georges, *Les Inscriptions et Graffiti
des voyageurs sur la Grande Pyramide,* Société
royale de Géographie de l'Égypte, El Cairo, 1944;
*Le Secret des bâtisseurs des Grandes Pyramides,
Khéops,* Pygmalion, París, 1977.

– Hassan, Selim, *Excavations at Guiza*,
10 vol., Oxford University Press/
Service des Antiquités de l'Egypte, El Cairo,
1932-1953.
– Hawass, Zahi, *Tesoros de las pirámides*,
Librería Universitaria, Barcelona, 2003
– Jenkins, Nancy, *The Boat beneath the Pyramid.
King Cheops' Royal Ship*, Thames & Hudson,
Londres, 1980.
– Junker, Hermann, *Giza: Grabungen
auf dem Friedhof des Alten Reiches*, 12. vol.,
Viena, 1929-1955.
– Lauer, Jean-Philippe, *Le Mystère des
Pyramides*, Presses de la Cité, París, 1988.
– Lehner, Mark, *The Complete Pyramids*,
Thames & Hudson, Londres, 1997.
– Maragioglio, Vito y Rinaldi, Celeste,
L'Architettura delle Piramidi Menfite, vol. IV, V,
VI, Rapallo, Officine Grafiche Canessa, 1965-
1967.
– Nour, Mohamed Zaki, Osman, Mohamed
Saleh, Iskander, Zaki y Mustafa, Ahmad Youssef,
The Cheops Boats, vol. 1, Government Printing
Office, El Cairo, 1960.
– Perring, John S., *The Pyramids of Gizeh,
from actual survey and admeasurement*,
I. *The Great Pyramid*, II. *The Second and Third
Pyramids...*, III. *The Pyramids to the Southward
of Gizeh and at Abou Roash...*, James Fraser,
Londres, 1839-1842.
– Petrie, William Matthew Flinders,
The Pyramids and Temples of Gizeh,
Field & Tuer-Simpkin, Marshall & Co.,
Londres, 1883.
– Reisner, George, *Mycerinus. The Temples
of the Third Pyramid at Giza*, Harvard
University Press, Cambridge (Mass.), 1931;
A History of the Giza Necropolis, 2 vol.
(II. *The Tomb of Hetep-heres the Mother
of Cheops*), Harvard University Press,
Cambridge (Mass.), 1955.
– Stadelmann, Rainer, *Die ägyptischen
Pyramiden. Vom Ziegelbau zum Weltwunder*,
Philipp von Zabern, Maguncia, 1985.
– Tompkins, Peter, *Secrets of the Great Pyramid*,
Harper & Row, Nueva York, 1981.
– Verner, Miroslav, *The Pyramids: The Mystery,
Culture and Science of Egypt's Great
Monuments*, AUC Press, El Cairo, 2000.
– Vyse, Howard, *Operations Carried on
at the Pyramids of Gizeh in 1837*, 2 vol., James
Fraser, 1840-1842.
– Zivie-Coche, Christiane, *Sphinx! Le Père
la terreur. Historie d'une statue*, Éditions Noésis,
París, 1997.

Las Grandes Pirámides y el imaginario

– Barbarin, Georges, *El secreto de la pirámide
(El fin del mundo adámico)*, Kier, Buenos Aires,
1985; *El enigma de la Gran Esfinge*, Obelisco,
Barcelona, 2005.
– Bauval, Robert y Gilbert, Adrian,
*El misterio de Orión: descubriendo el secreto
de las pirámides*, EDAF, Madrid, 2007
– Bauval, Robert y Hancock, Graham,
Le Mystère du Grand Sphinx, Éditions
du Rocher, París, 2003.
– Bertho, Joël, *La Pyramide reconstituée*,
Éditions Unic, Saint-Gely-du-Fresc, 2003.
– Crozat, Pierre, *Le Génie des Pyramides*,
Dervy, París, 2002.
– Davidovits, Joseph, *Ils ont bâti les pyramides*,
Jean-Cyrille Godefroy, París, 2002; *La Nouvelle
Histoire des Pyramides*, Jean-Cyrille Godefroy,
París, 2004.
– Davidson, David y Aldersmith, Herbert,
The Great Pyramid, its Divine Message, The
Covenant Publishing Company, Londres 1961.
– Houdin, Jean Pierre y Henri, *La Pyramide de
Chéops, sa construction intégralement expliquée*,
Éditions du Linteau, París, 2003.
– Jacobs, Edgard P., *Blake y Mortimer.
El misterio de la Gran Pirámide* (2 volúmenes),
Norma Editorial, Barcelona, 2000.
– Lehner, Mark, *The Egyptian Heritage,
based on the Edgar Cayce Readings*,
A.R.E. Press, Virginia Beach, 1974.
– Lewis, Harvey Spencer, *The Symbolic
Prophecy of the Great Pyramid*, AMORC,
San José, 1936.
– Pochan, André, *El enigma de la Gran Pirámide*,
Plaza & Janés, Barcelona, 1974.
– Proctor, Richard, *The Great Pyramid.
Observatory, Tomb and Temple*,
Chatto & Windus, Londres, 1883.
– Taylor, John, *The Great Pyramid:
Why Was It Built and Who Built It?* Longman,
Green, Longman and Roberts, Londres, 1859.

cornalina, lapislázuli y turquesas, *ibid.*

62s Descubrimiento del foso que contenía la barca de Keops, todavía encerrada por losas de piedra caliza, en 1954.

62i Inscripción sobre una losa de cierre del foso que contenía la barca de Keops que menciona el nombre de Dyedefra, hijo de Keops.

63s Nuevo montaje de la barca de Keops, década de 1960.

63i Barca solar de Keops después de su montaje, madera de cedro del Líbano y acacia, Dinastía IV; Museo de la Barca Solar, Guiza.

64 Reconstrucción en 3D del complejo de Kefrén visto desde el sudeste, realizado en 1998 en el marco del programa de cartografía Guiza Plateau Mapping Project, dirigido por Mark Lehner; Oriental Institute, Universidad de Chicago.

65 Vestigios de la pirámide subsidiaria de Keops.

CAPÍTULO 4

66 Pirámide Kefrén y cementerio del oeste.

67 Sección de las mastabas de Guiza; infografía. Edigraphie, Ruán.

68 Pirámide de Micerino y su templo alto.

69 Vista aérea de las pirámides de Guiza; reconstrucción de Jean-Claude Golvin.

70s Pirámides de las reinas de Micerino.

70i Sarcófago con decoración en fachada de palacio, piedra caliza

pintada, Dinastía IV, procedente de una mastaba al este de la pirámide de Keops; Museo Egipcio de El Cairo.

71 Detalle de la pirámide de Keops con el emplazamiento de uno de los fosos para barca y el edificio que alberga la barca descubierta en 1954; fotografía, 1981.

72 Estatuas de la esposa real y de su familia, capilla de la mastaba de la reina Meresankh, Dinastía IV.

73iz Bajorrelieves del príncipe a de su esposa Nefretkau, capilla de la mastaba del príncipe Kufukaf, Dinastía IV.

73d Estatuilla del sacerdote Kay, piedra caliza pintada, Dinastía IV, procedente de la necrópolis del oeste de Guiza; Museo Egipcio de El Cairo.

74s Vista aérea de la pirámide de Keops.

74i Estatuilla del rey Keops, marfil, Dinastía IV, procedente de Abidos. Museo Egipcio de El Cairo.

75 Gran Galería de la pirámide de Keops.

76 Sección de la pirámide de Keops; infografía, Edigraphie, Ruán.

77s Entrada original de la pirámide de Keops y perforación de Al Mamún; fotografía aérea.

77i Confluencia de la perforación de Al Mamún y del corredor ascendente de la Gran Pirámide.

78 Complejo funerario de la pirámide de Kefrén

con la calzada que lleva al templo bajo y a la Esfinge; fotografía aérea.

79s Sección de la pirámide de Kefrén; infografía. Edigraphie, Ruán.

79i Detalle de la estatua del rey Kefrén protegido por el dios Horus, diorita, Dinastía IV; Museo Egipcio de El Cairo.

80s Cabeza del rey Micerino procedente del templo bajo, alabastro, Dinastía IV; Museo de Bellas Artes, Boston.

80i Antecámara de la pirámide de Micerino con una decoración de fachada de palacio.

81siz Brecha de la pirámide de Micerino.

81sd Restos del revestimiento de granito rojo de la parte baja de la pirámide de Micerino.

81d Sección de la pirámide de Micerino; infografía. Edigraphie. Ruán.

82 Vista aérea de la Esfinge.

83s Detalle de la cabeza de la Esfinge.

83i Detalle de las restauraciones del cuarto trasero de la Esfinge.

CAPÍTULO 5

84 Lámina tomada de *Aventures de Blake et Mortimer: Le Mystère de la Grande Pyramide*, de Edgar P. Jacobs, Éditions Dargaud-Lombard, 1986.

85iz Cubierta de *La Pyramide reconstituée* de Joël Bertho, Éditions Uniques, 2003.

85sd Cubierta de *The Egyptian Heritage based on The Edgar Cayce*

Readings, de Mark Lehner. ARE Press, Virginia Beach, 1974.

85id Cubierta de *The Symbolic Prophecy of the Great Pyramid,* de H. Spencer Lewis, AMORC, San José, 1936.

86 Astrónomos en el observatorio de la pirámide de Keops, grabado, *La Nature,* 11 de abril de 1891.

87 Sección de la Gran Pirámide de Guiza que muestra su orientación con relación a las estrellas; tarjeta postal, inicios del siglo XX.

88 «Proyección isométrica que muestra la entrada del pasaje horizontal que lleva a la cámara de la reina», plancha extraída de *The Great Pyramid, Its Divine Message,* de David Davidson, 1924.

89siz «Localización de datos proféticos según Davidson y Aldersmith», grabado en *L'Enigme du Grand Sphinx,* de Georges Barbarin, Adyar, París, 1949.

89sd Cubiertas de los libros de Georges Barbarin *L'Enigme du Grand Sphinx* Adyar, París, 1949 y *Le Secret de la Grand Pyramide* Adyar, París, 1936.

89i Sarcófago de granito rojo en la cámara funeraria de Keops.

90s Máquinas elevadoras utilizadas para la construcción de las pirámides; grabado que ilustra la teoría de Heródoto, *Technische Rundschau,* octubre de 1952.

90i Diversos tipos de rampas que pudieron

servir para el transporte de los bloques de piedra. **91** Hipótesis de una rampa interior en la pirámide de Keops; modelado en 3D de Jean-Pierre Houdin. **92** Densidades de la Gran Pirámide; mediciones microgravimétricas efectuadas bajo los auspicios de la fundación EDF entre 1986 y 1987. **93 siz** y **sd** Introducción de un robot en los conductos de la cámara de la reina; experimento realizado bajo los auspicios del Consejo Superior de las Antigüedades egipcias, del National Geographic y de la empresa iRobot en septiembre de 2002. **94s** y **i** Resultados de las mediciones con georadar realizadas en el suelo de la cámara de la reina; operación dirigida por Gilles Dormion con la colaboración de la sociedad SAFEGE, otoño de 2000. **95** Interior de la cámara de la reina, con su nicho en voladizos. **96** La meseta de Guiza y las grandes Pirámides, fotografía desde el satélite *IKONOS*, 6 de diciembre de 1999.

TESTIMONIOS Y DOCUMENTOS

97 La Esfinge; grabado en *Voyage d'Égypte et de Nubie*, Frédéric-Louis Norden, 1751, Col. part. **117** Vista utilizando un endoscopio de dos cámaras de descarga de la pirámide de Meidum

descubiertas por Gilles Dormion y Jean-Ives Verd'hurt en 1998. **118** Sección de la cámara hipotética de la pirámide de Keops en *La Chambre de Chéops*, Gilles Dormion, Fayard, 2004 **120** Mapa de las principales pirámides de Egipto; infografía, Edigraphie, Ruán. **121** Viajeros ante las pirámides de Guiza en *Relation of a journey begun in* 1610, George Sandys, BnF, París. **128** La Esfinge y la Gran Pirámide, h. 1930..

CRÉDITOS DE LAS IMÁGENES

AGRADECIMIENTOS

Por las razones que cada uno de ellos conoce, el autor desea dar las gracias ante todo a Nadine Cherpion, pero también a Jean-Pierre Baron, Gilles Dormion, Jean-Yves Empereur, Victor Ghica, Denis Maraval, Gérard Roquet, Bruno Santerre, Michel Valloggia y Jean-Yves Verd'hurt. Y sin olvidar, en la casa Gallimard, a Any-Claude, Marjorie y, evidentemente, a Elisabeth.